AF206631

Dramatische Weihnachten

Eine Anthologie mit Gedichten und Geschichten

Herausgegeben von Halina M. Sega und Kay Ganahl

Mit Bildern

Halina M. Sega und Kay Ganahl (Hrsg.)

Dramatische Weihnachten

Eine Anthologie mit Gedichten und Geschichten

Mit Bildern

Eine Anthologie des Freien Deutschen Autorenverbandes/Landesverband Nordrhein-Westfalen (FDA-NRW) und der Solinger Autorenrunde

Auch mit Gastautorinnen und Gastautoren

Düsseldorf 2017

Bibliografische Information der Deutschen Nationalbibliothek:

Die Deutsche Nationalbibliothek verzeichnet diese Publikation in der Deutschen Nationalbibliografie; detaillierte bibliografische Daten sind im Internet über http://dnb.dnb.de abrufbar.

Herausgeber Halina M. Sega und Kay Ganahl

Lektorat: Halina M. Sega

Einbandgestaltung u. -text, Korrektur und Layout: Kay Ganahl

Organisation: Kay Ganahl

Front Cover Illustration „Ohne Titel": Marlies Strübbe-Tewes, 2017

Herstellung und Verlag: BoD – Books on Demand, Norderstedt.

ISBN: 9783746029306

Inhalt

Autorinnen und Autoren

Mitgliedschaft im Freien Dt. Autorenverband/NRW = FDA-NRW;

Solinger Autorenrunde; sonstige Mitgliedschaften

Abbildung „Lennie"

Fünfundzwanzig

Abbildung „Sonnenwende"

Das Gänsewunder

Abbildung „Gans in Gotik"

Mein kleines Weihnachtswunder 2011

Heute kommt der Weihnachtsmann

Abbildung „Der bunte Weihnachtsmann"

Ein Hexenschuss zu Weihnachten

Abbildung „Bescherung"

Vampirische Weihnacht

Abbildung „Baumschmuck"

Heute ist die Nacht

Abbildung „Heute ist die Nacht"

Weihnachtliches Glück im Unglück

Weihnachten

Winter

Abbildung „Winterlandschaft"

Vorwort von Halina M. Sega

Die Advents- und Weihnachtszeit ist die schönste Zeit im Jahr. Überall sieht man Lichter, um so die Dunkelheit zu verdrängen. Lieblicher Plätzchenduft kitzelt unsere Nasen und lässt unsere Geschmacksnerven vor Vorfreude tanzen. Gerade dann wird gerne zum Buch gegriffen, gelesen oder vorgelesen. Daher kam mir die Idee, mit Kay zusammen ein Weihnachtsbuch herauszubringen, welches mehr als nur eine Sammlung von weihnachtlichen Geschichten und Gedichten sein soll. Passend zu den Texten sollten Fotos und Kunstwerke das Buch zusätzlich schmücken. Das sollte aber nicht alles gewesen sein, da waren Kay und ich uns von Anfang an einig. Wir wollten ein Buch, welches u. a. auch unserem Verband FDA-NRW als Aushängeschild dient. Zusätzlich wollten wir uns noch mit anderen befreundeten Autoren wie der Solinger Autorenrunde und ausgewählten Gastautoren, die sich für gute Literatur einsetzen, vernetzen. Dabei hatten wir im Sinn, mit diesem neuen Werk der Vielseitigkeit der Literatur Raum zu verschaffen. Wir haben deshalb viel Wert auf unterschiedliche Geschichten und Gedichte gelegt, um ein buntes Weihnachtsbuch zu gestalten, welches sich von anderen Werken in jeglicher Hinsicht unterscheidet. Hier und da ist ein Stilbruch bewusst gewollt, was sich besonders im Cover widerspiegelt. Es soll ein dramatisches, mit Satire verknüpftes Werk in allen Bereichen sein, welches die Literaturlandschaft bereichert und in dem unsere Leser gern stöbern. Ob es uns gelungen ist, unserem Motto „Dramatische Weihnachten" treu zu bleiben, entscheidet letztendlich aber der Leser.

Es bleibt mir nun noch, allen viel Spaß beim Lesen und Blättern zu wünschen!

Halina M. Sega, Gladbeck   Beisitzerin (Region Ruhr) im Vorstand des Freien Deutschen Autorenverbandes/Landesverband Nordrhein-Westfalen

Vorwort von Dr. Manfred Luckas

In den letzten Jahren hat der Landesverband NRW des Freien Deutschen Autorenverbands mehrere Anthologien veröffentlicht, die bei den Leserinnen und Lesern auf positive Resonanz gestoßen sind. Diese gute Tradition setzen die Herausgeber der vorliegenden Publikation, Halina M. Sega und Kay Ganahl, mit Verve und glücklicher Hand fort.

Die beiden Vorstandsmitglieder unseres Landesverbands haben für ihr ambitioniertes, 268 Seiten umfassendes, Unterfangen den ebenso beziehungsreichen wie ungewöhnlichen Titel „Dramatische Weihnachten" gewählt. Dramatisch? Feiert denn Weihnachten nicht „O du fröhliche" - fröhliche Urständ, gewinnen denn nicht Gemütlichkeit und Besinnlichkeit die Lufthoheit über den Tannenbaum? Die in dieser Anthologie versammelten Texte von 28 Autorinnen und Autoren aus den Reihen des FDA NRW, unseres Kooperationspartners Solinger Autorenrunde sowie literarischer Gäste zeigen diese, aber auch ganz andere Seiten.

Mit der gebrochenen Sicht auf das oft überstrapazierte Fest der Liebe sind sie dabei in unzweifelhaft guter Gesellschaft. Auch Arno Geiger, der Träger des diesjährigen FDA-Literaturpreises, zeigt uns in seinem Roman *Es geht uns gut* eine wahrhaft dramatische Weihnacht. So fürchtet sein im Alter dementer Protagonist Richard nichts mehr, als dass die Kerzen am Weihnachtsbaume das Haus abfackeln könnten: „Er umarmte den Feuerlöscher, den seine Frau Alma ihm gebracht hatte, stimmte die erste Strophe von „Oh Tannenbaum" an. Aber mittendrin brach er ab und wünschte sich, dies möge sein letztes Weihnachten sein. Anschließend sagte er: „Komm, wir gehen weg von hier, das ist kein Ort für uns."

Natürlich finden sich in der Anthologie mit Gedichten und Geschichten, wie es im Untertitel so richtig heißt, weiß die Gattungs- und Genrevielfalt der Texte doch zu beeindrucken, auch heitere, lichte Momente. Momente, die der Hoffnung Ausdruck verleihen wie in dem wunderschönen Gedicht „Winternacht" unserer Freundin Ruth Barg aus der Steiermark.

„Im Sternenstaub - Häufen sich - Hoffnungen - Nisten im Schneegestöber - Paaren sich - mit Streuflocken - weißer Kristalle - die zur Erde stürzen - ohne Wiederkehr."

Wie schon in der letztjährigen Anthologie „Ein Kinderspiel / kein Kinderspiel" trägt auch „Dramatische Weihnachten" wieder den kreativen Mehrfachbegabungen im Landesverband Rechnung. Das Auge des Betrachters darf sich nämlich an einer Vielzahl gelungener Illustrationen zum Thema erfreuen, die das Wort durch Bilderlebnisse bereichern. Autorinnen wie Rohna Buehler, Marlies Strübbe-Tewes, Angelika Stephan, Halina Monika Sega, Dagmar Schenda und Regina Schymiczek haben sich dabei ebenso hervorgetan wie ihre männlichen Pendants Kay Ganahl alias „Ruprecht, der Bestrafer" und Andreas Erdmann von der Solinger Autorenrunde.

Ich wünsche diesem Buch viele geneigte Leserinnen und Leser und zwar „nicht nur zur Weihnachtszeit", um mit Heinrich Böll zu sprechen.

Für das Engagement, „Dramatische Weihnachten" auf die Beine gestellt zu haben, möchte ich an dieser Stelle sämtlichen Beteiligten, allen voran aber natürlich Halina M. Sega und Kay Ganahl, herzlich danken.

Dr. Manfred Luckas, Köln   Vorsitzender des Freien Deutschen Autorenverbands/Landesverband Nordrhein-Westfalen

I.
Ruth Barg

- Ein Weihnachtsgedicht –

Wir machen uns Gedanken prompt,

da ja das Christkind baldig kommt,

was die Familie gerne mag.

Das ist doch ein besond´rer Tag!

Wünsche sollen wir bedenken,

was wir jedem gerne schenken.

Mein Freund hat schon herumgegafft,

sich für das Kaufen aufgerafft,

im Portemonnaie ein Loch schon klafft -

DOCH Weihnachten wird abgeschafft.

Winternacht

Im Sternenstaub

Häufen sich

Hoffnungen

Nisten im Schneegestöber

Paaren sich

mit Streuflocken

weißer Kristalle

die zur Erde stürzen

ohne Wiederkehr

Gegensatz

Staunende Kinderaugen

Verweilen

Auf brennenden Kerzen am Baum

Münder singen Weihnachtslieder

Es könnte doch sein,

dass Arme reich beschenkt

werden mit Geborgenheit

Wärme, Liebe

Wogegen vielleicht

Reiche mit

glänzenden Schmuckkollektionen

arm beschenkt werden

Im Sinne von Weihnacht

(Ruth Barg, Kapfenberg)

II.
Mechthild Bordt-Haakshorst

Weihnachten

Geburt Jesu

Geschenke

verschenken

beschenken

Mit Geschenken

zudecken oder

verdecken

überdecken

entdecken

Neu einkleiden

umkleiden

verkleiden

bekleiden

Alles für `s Fest

Baumschmuck

Bunt verwirrt

alles zuschmücken

Irgendwo

Geburt Jesu

eingebettet

in Liedern aus

Jahrhunderten

Weihnachten

Mir fällt zu Weihnachten nichts ein

immer und immer wurde geschrieben

wir sollten Frieden schließen und lieben

nicht „*Nein*" sagen und hilfreich sein

Es wurde soviel erzählt

gute und schlechte Geschichten

die wahren und dichten

fielen aus der Welt

Weihnachten

Das Fest aus

Schnee gewebt

Die Wörter glitzern

dem Frost ins

Gesicht der Geschichte

Die Geburt

belebt uns neu

III.

Renate Buddensiek

Schöne Bescherung

Weihnachten wollte Familie Wendt zu Hause feiern ohne Hektik und Stress mit gemütlichen Stunden am flackernden Kaminfeuer. Die halbwüchsigen Kinder, Lena und Tim, wären lieber in Skiurlaub gefahren, schließlich fieberten sie dem Weihnachtsfest entgegen.

Heiligabend stellten Vater Oliver und Tim beim Aufstellen des Tannenbaums fest, dass sie ihn passend kürzen mussten. Dabei verletzte sich Vater am Daumen. Mutter Inge hatte seine Wunde gerade versorgt, als Lenas Wehgeschrei sie erschreckte. Sie fand die Kleine heulend im Heizungskeller, wo sie beim Holen des Baumschmucks auf einer ölverschmierten Stelle ausgerutscht war. Mutter nahm sie tröstend in ihre Arme und brachte sie mitsamt Weihnachtsdeko zurück ins Wohnzimmer.

Vater entdeckte, dass die Heizung Öl verlor, ausgerechnet Heiligabend! Er bestellte den Heizungs-Notdienst. „Weihnachten fängt ja gut an!", seufzte Mutter, während sie mit Vater die Öl-Lache aufwischte. „Hoffentlich ist es nichts Schlimmes! Ach, wären wir doch in Urlaub gefahren!"

„Wo ist das Lametta?", fragte Vater. „Im Karton ist keines, eine Baumkugel fehlt." Da hörte er Tim mit Terrier Bruno schimpfen: „Gib sofort die Weihnachtskugel her, das ist kein Spielzeug für Hunde!" Lachend sah Vater, wie Bruno mit der Kugel im Maul umher sauste, das Lametta wie eine Fahne hinter sich her ziehend. Schwanz wedelnd und mit Unschuldsblick gab Bruno nach gutem Zureden seine Beute zurück. Vater und Kinder machten sich ans Schmücken des Weihnachtsbaumes.

Es klingelte an der Haustür, der Heizungsmonteur erschien, tauschte ein undichtes Ventil aus, schon sprang die Heizung wieder an.

Das Telefon läutete. Oliver nahm das Gespräch an, seine Stirn legte sich in Falten. „Es ist deine Mutter", sagte er, „sie fragt, ob sie morgen mit Tante Hilde über die Festtage zu uns kommen könnte." Inge griff zum Hörer. „Seid ihr nicht wie geplant nach Gran Canaria geflogen?", fragte sie aufgeregt.

„Die Reise wurde abgesagt", lautete die Erklärung. „Ihr seid herzlich eingeladen", hörte Oliver erstaunt die Antwort seiner Frau.

Die Kinder jubelten voller Vorfreude, dass die liebe Oma und die freundliche Großtante zu Besuch kommen würden.

„Stressfreies Genießen, Kuscheln am Kamin?", murmelte Oliver. „Fehlanzeige!"

„Oh je", seufzte Inge ohne weiteren Kommentar.

Für das Weihnachtsessen würde der vorhandene Gänsebraten nicht ausreichen. Deshalb machte sich Inge auf, um eine zweite Gans zu kaufen. Sie hastete über den Marktplatz, vorbei an den letzten Buden des Weihnachtsmarktes. Fröhliches Kinderlachen mischte sich mit Karussell-Gebimmel, ein paar glühweinselige Männer wünschten ihr „Frohe Weihnachten!"

Besinnlichkeit war nirgends zu erkennen. Beim Betreten des Supermarkts wäre sie am liebsten gleich umgekehrt, so brechend voll war es. An den Kassen drängten sich kurz vor Ladenschluss, die Leute in langen Schlangen. Als sie selbst in der Reihe wartete, machte sie der Zeitverlust immer nervöser.

„Nicht aufregen!", riet der ältere Herr vor ihr. „Bekanntlich fahren die Lebensmittelhändler Heiligabend Rekord-Umsätze ein. Sie sind in Eile, auf mich wartet niemand, ich lasse Ihnen gern den Vortritt." Inge rückte dankend vor.

„Denken Sie daran", setzte er das Gespräch fort, „was Dieter Nuhr, der Kabarettist, neulich im Fernsehen gesagt hat: *Weihnachten ist der Höhepunkt des Christenjahres, denn Weinachten hat der Heiland den Einzelhandel gerettet.*"
Inge lachte. Inzwischen waren nur drei Personen vor ihr.

Zwei bärtige junge Männer mit südosteuropäischem Aussehen standen an der Kasse. Inge fiel auf, dass sie mit einem älteren Paar am Ausgang in Blickkontakt standen und dass keine Einkäufe auf dem Band lagen. Die Kassiererin reichte einem der Männer eine Packung Zigaretten, die er mit einem Hundert-Euro-Schein bezahlte. In dem Moment, als die Verkäuferin das Wechselgeld zusammensuchte, griffen beide hastig in die geöffnete Ladenkasse. Sie stopften die daraus geschnappten Geldbündel blitzschnell in zwei Plastiktüten. Die junge Mutter vor ihr wurde mitsamt Baby von den Räubern zu Boden geschubst. Im entstandenen Tumult stürmten die zwei Räuber dem Ausgang entgegen.

Während die geschockte Kassiererin ersetzt, die Ladenkasse neu gefüllt wurde, beobachtete Inge die Räuber auf ihrer Flucht. Zwei Verkäufer rannten ihnen nach. Am Ladenausgang warf der erste Ganove beim Laufen seine Beute der dort wartenden Frau zu, die geschützt durch ihren Begleiter nach draußen floh, wo beide in einem vorfahrenden Auto entkamen. Die Verkäufer hefteten sich leider erfolglos an die Fersen der zwei Flüchtenden.

Als Inge den Heimweg antrat, hatte sich die Stadt geleert. Ein Polizeiauto raste mit Blaulicht und eingeschalteter Sirene an ihr vor-

25

bei. Nicht mehr weit von Zuhause vernahm sie plötzlich hinter sich schnelle Schritte. Einer der Ganoven folgte ihr. War es Zufall oder wollte er sie womöglich für freies Entkommen als Geisel nehmen? Oder wollte er sie als Zeugin des Raubüberfalls beseitigen? Verängstigt rannte sie nach Hause und verriegelte die Haustür. Draußen hörte sie den keuchenden Atem ihres Verfolgers und ein Rascheln, als er sich hinter den Büschen versteckte.

Ihre Familie wunderte sich über ihren Notruf. Kaum hatte sie alles berichtet, fuhr ein Polizeiwagen vor, wie sie alle beobachteten. Die Polizisten sahen den Räuber im dunklen Wald verschwinden. Bald erschien eine Polizeistreife mit einem Schäferhund, um nach beiden Flüchtigen zu suchen. Abends kreiste über den Baumkronen stundenlang ein Polizeihubschrauber, dessen Lichtkegel Tim und Lena mit so großer Spannung verfolgten, dass sie fast die Weihnachtsbescherung verpasst hätten.

Als die Kerzen am Weihnachtsbaum brannten, stellte sich mit „Stille Nacht, heilige Nacht" auch bei Familie Wendt die ersehnte Weihnachtsfreude ein.
„Geschafft. Hallelujah! Fröhliche Weihnachten!", rief Vater, als am nächsten Tag Oma und Tante Hilde eintrafen. Nie zuvor hatte es Weihnachten so viel Gesprächsstoff gegeben wie diesmal, und nie zuvor hatte es nach Ansicht der Kinder ein schöneres Weihnachtsfest gegeben.

Notruf nach Ibiza

Die Familie Bockelmann
ist von Spanien angetan.
Weihnachtsferien, Reisezeit,
wieder einmal ist's so weit.
Bald geht's zu den Balearen,
wo die Bockelmanns schon waren.
Vater, Mutter, Tochter Sohn
kennen diese Inseln schon.

Ibiza ist ihr Reiseziel,
Oma hält davon nicht viel,
deshalb bleibt sie bis Sylvester
gern zu Haus mit ihrer Schwester.
„Macht um mich euch keine Sorgen,
Tante Hedwig kommt ja morgen",
so ist Omas Abschiedswort,
dann sind ihre Kinder fort.

Kaum gelandet in Ibiza,
sitzt man grad bei einer Pizza,
als das Telefon sehr stört
durch die Nachricht, die man hört.
Mama ruft: „Oh, lieber Gott,
Oma ist in größter Not!
Kommt nicht aus der Wanne raus,
Hedwig ist noch nicht im Haus."

Oma jammert: „Ach, ihr Lieben,
wärt ihr doch bei mir geblieben!
Ich sitz fest, das ist kein Spaß.
Bitte helft mir, tut etwas!
Polizei und Feuerwehr,

irgendjemand muss schnell her,
um mich wieder zu befreien,
denn ich bin hier ganz allein!"

„Oma, bist doch bei Verstand,
hast dein Handy in der Hand,
wähl den Notruf 1 1 2;
und dann hilft die Polizei",
sagt ihre Tochter Bockelmann.
Oma hört es stumm mit an.
Dann bricht sie in Tränen aus,
Fremde sollen nicht ins Haus!

„Ich bin nackt, wie geht das an,
solch ein Strolch, ein fremder Mann,
kommt nicht über meine Schwelle,
lieber sterbe ich auf der Stelle!"
Mama ruft bei Hedwig an,
ob sie Oma retten kann.
Hedwig packt gleich ihre Sachen,
um sich auf den Weg zu machen.

Eine Stunde mit der Bahn,
dann kommt Hedwig eilig an.
Als sie dort die Tür aufschließt,
sitzt die Oma da und liest
auf dem Sofa gut gelaunt.
Ihre Schwester steht und staunt.
Oma sagt: „Mit letzter Kraft
hab ich's aus dem Bad geschafft."

Omas eigne Hilfsaktion
geht gleich übers Telefon
bis nach San Antonio,
alle Bockelmanns sind froh.

Oma sagt: „Habt tausend Dank,
mir geht's gut, nur Hedwig ist krank.
Besser wärt ihr hier geblieben.
Frohe Weihnachten, ihr Lieben!"

IV.
Rohna Buehler

Wundersame Weihnacht

Merkwürdiges geschah in dem nächtlichen Zimmer.

Nachdem gegen Mitternacht die letzten Kerzen am Weihnachtsbaum erloschen waren, hatten sich die Eltern auch zur Ruhe begeben. Die Kinder schliefen schon, mit dem Versprechen, sie am nächsten Morgen frühzeitig zu wecken, war es der Mutter endlich gelungen, sie von ihren neuen Spielsachen zu trennen.

Nun herrschte Ruhe im ganzen Haus. Der prächtig geschmückte Weihnachtsbaum stand schwarz und still in seiner Ecke. Nur einmal, als ihn der Lichtkegel eines von draußen vorbeifahrenden Autos streifte, blitzte es golden in seinem Geäst. Ein schwacher Nachglanz huschte über das große Bild an der Wand daneben. Bis auf das Zeit zerhackende Ticken einer Uhr war nichts zu hören.

Aber da! Die Oberfläche des Bildes schien mit einem Mal zu pulsieren, das Rot eines Apfels blitzte auf, blassgelbe Körper tauchten im Sekundentakt aus der Dunkelheit auf, so als gäbe es unter ihrer Haut eine flimmernde Lichtquelle. Ja, jetzt schienen sie sich sogar zu bewegen! Das rechte Bein der männlichen Figur, seitlich hingestreckt am unteren Bildrand, schickte sich an, die Oberfläche von innen her zu verbeulen. Mit einem dumpfen "plopp" schnellte es plötzlich hervor, verharrte einen Moment bewegungslos ausgestreckt in der Luft, tastete sich dann mit vorgerecktem Fuß zum Boden. Das andere Bein folgte, quälte sich mit dem Knie voran durch die entstandene Öffnung. Schließlich wand sich der ganze Körper mit nach oben gestreckten Armen heraus und glitt zu Boden.

Dort saß er nun in einer Lichtpfütze, matt schimmernd in seiner blassgoldenen Glätte und betastete erstaunt seine Glieder. Mit beiden Händen umfasste er die Knie, hob die Unterschenkel, wedelte mit den Füßen hin und her, beugte sich vor, drehte den Kopf von links nach rechts, rollte mit den Augen. Er konnte sich bewegen! Er blickte hinauf zu seiner verlassenen Behausung. Sieh da! Auf der linken Seite schien sich jetzt eine zweite Öffnung anzudeuten, und nach wenigen Sekunden rutschte sein Bildgenosse, vorher in lässiger Pose auf seinem Stuhl sitzend, mit Eleganz heraus und landete auf beiden Füßen.

Zum ersten Mal standen sie sich gegenüber in ihrer neuen Körperlichkeit, berührten sich mit ihren fingerlosen Händen, drehten sich hin und her. Welch armseliges Dasein hatten sie doch gehabt dort oben im Gefängnis des Rahmens!

Sie schauten hinauf. Da waren noch zwei Figuren eingeschlossen, zwei unverkennbar weibliche! Eine schaute den Betrachter an, die andere wandte ihm den Rücken zu.

Erwartungsvoll reckten sie ihre Hälse. Doch nichts rührte sich. Sollte man nachhelfen? Sie stiegen auf das Bord unterhalb des Bildes, vielleicht wollten die Damen gestreichelt werden?

Schon nach wenigen Sekunden begann die berührte Fläche zu pulsieren, trieb Blasen, wölbte sich nach außen, bis sie platzte. Ein Arm schob sich heraus, eine Schulter folgte, dann ein Gesicht mit neugierigen Augen. Mit einer anmutigen Drehung zog die Schöne auch den anderen Arm aus der Öffnung, presste die Hände gegen das Bild und stieg vollends heraus.

Da standen nun die drei, geboren aus Linie und Fläche und fassten sich bei den Händen. Mit Körperlichkeit waren sie beschenkt, in dieser wundersamen Nacht, dieser Weihnachtsnacht. Nicht nur den Menschen bringt sie den Erlöser, einmal im Jahr erlöst sie auch alle Figuren aus dem Bann ihrer Bilder und erlaubt ihnen, für ein paar Stunden die Grenze zum wirklichem Leben zu überschreiten. Aber wo blieb das zweite weibliche Wesen? Da war nur noch ein Apfel, allein gelassen in der Mitte, der nun geleerten Fläche schwebend. Erst als die Schöne ihnen den Rücken zuwandte, erkannten sie, dass der Maler des Bildes ihnen eine zweite vorgegaukelt hatte: Sie präsentierte gleichzeitig ihre Vorder- und Rückenansicht!

Enttäuschung machte sich breit. Eine einzige Spielgefährtin für zwei Tatendurstige in dieser einen, einzigartigen Nacht? Und was sollte denn nun der Apfel da oben?

Der war inzwischen von selbst aus einer der entstandenen Öffnungen gerollt. Wohin mit ihm? Wollte er überreicht oder gegessen werden? Natürlich wusste der Apfel im Unterschied zu den Figuren um seine sowohl biblische Bedeutung von Verführung als auch um seinen guten Ruf als Gunstbeweis in den klassischen Sagen aus alter Zeit. Aber da das jetzt kaum ins Spiel kommen konnte, versuchte er, möglichst wenig Licht auf seinen roten Rundungen zu reflektieren, um nicht doch noch eine Verführung zum Verzehr darzustellen. Er zog es vor, unter den Tisch zu rollen, während die drei Figuren sich aufmachten, ihre Umgebung zu erkunden. Neugierig hüpften sie um den Weihnachtsbaum, sprangen über die herumliegenden Spielsachen und tanzten hinüber zu den übrigen Bildern im Galeriegeschoss.

Ihr plötzliches Erscheinen bewirkte Erstaunliches. Schlagartig begannen alle Bilder zu pulsieren, jedes in seinem eigenen, immer schneller werdenden Herzschlag, bis die Oberflächen sich öffneten und ihre Geschöpfe entließen. Der *„Mondanzünder"*, beherrschende Figur des größten Bildes, reckte sich und schob seinen Laternenanzünder durch die offene Schräge des gekippten Fensters.

Sogleich wuchs der lange Stab ins Grenzenlose, spürte den Mond hinter seinen Wolkenvorhängen auf, zerrte ihn hervor und zündete ihn – schwups! – an. Hätten die Dichter der Romantik das sehen können - sie hätten ein neues Lied an den Mond angestimmt! Da ergoss sich nun *das silbrige Mondlicht mit seinen bleichen Strahlen* über eine weihnachtliche Schneelandschaft und beleuchtete eine turbulente Szene, als sei sie von Dali erdacht. Die Bildgenossen des Mondanzünders, vierbeiniges Getier mit merkwürdig geformten Mäulern, Ohren und Flügeln, tummelten sich auf dem Glastisch. Unter ihrem verlassenen Bild, hüpften sie auf und ab, zwickten einander, zogen sich an ihren Schwänzen, schlugen mit den Flügeln aufeinander ein und trieben allerlei Schabernack in ihrer neuen Freiheit.

Dies aber tat nicht allen gut: Die Teile eines hölzernen, bis hoch unter die Decke reichenden Puzzles hatten sich aus der erzwungenen Umklammerung der Nachbarn gelöst und wuselten nun, kaum voneinander zu unterscheiden, auf dem Boden umher, wo sie neue Kontakte zu finden hofften. Aber ach! Ihre übergroßen Augen taugten nicht zum Sehen. Blind für einen Partner, mit dem zu kopulieren erfolgreich hätte sein können, verhakten sich ihre fingergleichen Auswüchse ineinander, ein buntes Geknäule phantastischen, hölzernen Getiers, zuckend bemüht, sich wieder aus den Verkantungen zu lösen.

Fasziniert von dem unglaublichen Geschehen, das ihr Erscheinen ausgelöst hatte, standen die drei Figuren inmitten des Chaos und wunderten sich über das seltsame Gebaren eines Wesens, das sich von der hohen Schrankwand gelöst hatte. Sein Körper war der rechtwinkligen Fläche angepasst, das mäandrierende (bogenförmige) Band einer Schlange, das die weiße, öde Fläche mit Farbe und Bewegung beleben sollte.

Welch ein Unglück für das arme Tier!

Schon seit geraumer Zeit versuchte die Schlange verzweifelt geschmeidig von der Schrankfläche herab zu gleiten. Es gelang nicht. Sobald sie weiter kriechen wollte, den Kopf vorreckte und ihr Körper der Bewegung folgen wollte, verharrten die nächstgelegenen Glieder in den durch die Malerei vorgegebenen eckigen Positionen. Ihre Bewegungen glichen einem Humpeln, sie schämte sich, zumal sie sich stark behindert fühlte durch eine unförmige Verdickung in der Mitte ihres Körpers. Beim Adventskaffee hatte sie die Fragen der Gäste und die Erklärung der Gastgeber mit anhören müssen: „Nun ja, da ist ihr die Beute im Bauch stecken geblieben." Und dort würde sie wohl auch bleiben, so sehr sie auch versuchte, durch heftiges Auf und Ab und Hin und Her ihren Verdauungstrakt auf Trab zu bringen.

Eine humpelnde Schlange! Wo hatte man so etwas schon gesehen

Sollte sie etwa bestraft werden für die Rolle, die sie bei der Vertreibung von diesem Adam und seiner Schlampe Eva gespielt hatte? Dabei hatte sie doch dem, den sie den Erlöser nannten und dessen Geburt in dieser Nacht wieder einmal gefeiert wurde, erst einen Grund für sein Kommen geliefert. „Die Erlösung aus meiner Unbeweglichkeit ist ja nichts anderes als eine erneute Bestrafung", zischte sie, „etwa dafür, dass ich den Schöpfergott über den wahren Charakter seiner ebenbildlichen Geschöpfe aufgeklärt habe?" Als allegorische Figur der Verführung hatte sie in ihrer jetzigen Gestalt keine Zukunft mehr. Wütend und erschöpft zog sie sich mit ruckartigen Bewegungen wieder auf die ihr zugewiesene Fläche zurück und schaute dabei mit stillem Neid auf ein tanzendes Paar, das mit wehenden Röcken und wirbelnden Gliedmaßen an ihr vorbeifegte.

Den Neid hätte sie sich sparen können.

Das Paar war nicht so glücklich, wie das Temperament seiner Drehungen vermuten ließ. Entscheidungen muss ein Tanzpaar gemeinsam treffen. *Sie* wollte sofort den Figurinen folgen, sowie sie sie erblickt hatte. *Er – „Neugierde, dein Name ist Weib!" –* nicht. So hatte es denn eine Weile gedauert, bis sie ihn von der einmaligen Gelegenheit überzeugen konnte, sich in neuen Tanzfiguren endlich einmal austoben zu dürfen. Doch welche Enttäuschung! Wie sie auch die Füße stellten, Hände und Arme verrenkten, die Köpfe drehten - ihre Körper blieben wie aneinander geschmiedet, ein siamesischer Zwilling mit zwei Köpfen, vier Armen und vier Beinen, mal sich auf die Fußspitze aufrichtend, mal mit flachen Sohlen und langen Schritten, kosteten sie die Einzige, vom Partner unabhängige Bewegungsmöglichkeit aus. Man konnte glauben, sie tanzten verzweifelt um Befreiung.

Etwas hochnäsig fiel der Blick der rothaarigen Frau, einer allegorischen Figur Gustav Klimts nachempfunden, auf das Gewimmel. Als nachgebildete Figur eines Malers von Weltrang – wenn auch nur als Kopf dieser Frau – mochte sie sich mit dem niederen Volk unbekannter Künstler nicht gemein machen. Sie zog es vor, nur ihre Augen wandern zu lassen, gelegentlich den Kopf zu wenden, wobei die rote Mähne buchstäblich aus dem Rahmen fiel. Hochmütig zog sie ihre Schultern hoch, und die bewegten Wasserlinien, die sich hinter ihrem Nacken mit einem Schwall kleiner Fische hervorstürzten. Sie ergossen sich in den Raum, entließen ihren zappelnden Inhalt und lösten unter den Miro-Geschöpfen Begeisterung aus. Die glitschten nun auf dem nassen Glas wie auf einer Eisfläche umher, drehten Pirouetten, rempelten einander an, schossen über die Tischkante hinaus und versuchten, im Fallen nach den Fischen zu schnappen. Denen jedoch – welch Glück! – gelang es, sich in eine große Bodenvase zu retten; am Morgen waren die welken Amaryllisblüten auf den Komposthaufen gewandert, das noch nicht entsorgte, leicht trübe Wasser, auf dem noch ein blassrotes Blütenblatt schwamm, rettete ihnen das Leben.

Ein einziges großes Bild gab es noch, das bisher keine Veränderung gezeigt hatte. Erkennbare Darstellung von Lebewesen gab es hier nicht. Vorwiegend blaue, rote und gelbe Flächen, kleinteilig gegliedert, beherrschten die Bildmitte, zerfaserte Farbflächen wie flatternde Wesen, hinter ihnen blaue Tiefe, nach unten hin in Schwärze versinkend. Wachstum und Blühendes säumte Wege, die nur zu erahnen waren. Mittendrin eine große, ruhende Form mit hochragendem Mast, hinter dem morgendliche Helligkeit sich rosafarben aus blauer Nacht erhob. Ein Haus?

Rosemarie Bühler: „Die Vier Elemente", 1992

Malerei auf Seide; Foto von Rosemarie Bühler, 1992

Gemälde und Foto: © Rosemarie Bühler, 1992

Neugierig traten die drei Figuren näher heran. Ja, jetzt war es deutlich zu sehen! In die große, vielfach gegliederte Form war eine kleine, hausähnliche Zelle eingebettet, ein spitzes Dach, aus einer Wand herauswachsend, das bunte Viereck eines Fensterkreuzes, weiter unten eine türähnliche Öffnung, aus der gelbes Licht floss.

Gebannt starrten die Drei auf dieses Helle, das immer größer und strahlender wurde. Zu spät bemerkten sie, dass auch die Tür dieses seltsamen Hauses sich mit einem gigantischen Gähnen weitete. Rote und gelbe Farben waberten in seinem Schlund, eine Eruption schleuderte ihnen glühende Farbwellen entgegen. Die Tür weitete sich immer mehr und sog die Figuren, wie auf einer magnetischen Lichtspur in sich hinein, während sie immer kleiner wurden, bis sie schließlich wie Püppchen aus gelbem Weingummi in das Innere des Bildes flutschten.

Da waren sie nun auf dem Boden des Hauses gelandet und fanden sich nicht mehr zurecht. Sie saßen auf seinen bizarr geformten Fliesen und blickten durch ein paar große Lücken hinunter auf eine Lampe, die unter ihnen an einer Decke hing. Gleichzeitig aber auch auf sie herabhing, dabei sich leicht hin und her bewegte. Dazu Schatten wandern ließ und heraufschickte – oder doch eher herab? In einer Ecke des Zimmers hatten sich ein paar Fliesen aus ihrem Wabenverband gelöst und schwebten empor. Je höher sie dabei stiegen, desto mehr veränderten sie ihre Gestalt; den sechseckigen Formen wuchsen neue Ansätze, Einkerbungen vertieften sich, bis sie schließlich Vögeln gleich davon glitten.

Auf der anderen Seite schien eine Treppe ins Obergeschoss zu führen, mit zögernden Schritten stiegen sie hinauf. Als sie am Treppenabsatz anlangten, begann der Raum sich langsam unter ihnen zu drehen, bis die Türöffnung in der Wand zu einer Bodenluke geworden war, die ihnen unter einer nun weit offen stehenden Falltür entgegen gähnte.

Den Dreien schwindelte es.

Wem gehörte dieses Zauberhaus? Wohnte jemand darin? Oder waren es vielleicht noch ungemalte Bilder in ihrem Zustand als bloße Ideen einer schöpferischen Phantasie? Egal! Nun mussten sie wissen, was es sonst noch zu sehen gab.

Vorsichtig kletterten sie nun einer nach dem anderen die steile Treppe hinunter und fanden sich in einem kleinen Raum wieder. Der Boden unterhalb der hohen Rückwand war mit Papierbahnen bedeckt, zwei Eimer mit gelber und roter Farbe standen darauf, oben auf lagen zwei breite Pinsel, eine Stehleiter war schon ausgeklappt. Über einer Sprosse hing ein farbverschmiertes T-Shirt. Einer von ihnen zog es herab und streifte es sich über. Er griff in die Tasche. Ein Apfel, siehe da! Sollte das etwa eine Belohnung für Anstreicherdienste werden? Nein, nein! Eine solche Anforderung stellte eine Zumutung dar: Sie selbst waren schließlich das gehobene Produkt eines Malers und nicht das Werkzeug!

Entschlossen kehrten sie der Leiter den Rücken zu und wandten sich dem nächsten Raum zu.

Wie angenagelt blieben sie stehen, geblendet von roten Farben, die auf sie einschlugen: Magenta, Purpur, Scharlach, Zinnober, Karmin, gleißendes Gold - alle fielen mit glühenden Fingern über sie her, ehe sie sich über die Wände hermachten und sie in Windeseile mit Schriftzügen bedeckten. „Frohe Weihnachten!", flammte es ihnen entgegen. Zu allem Überfluss hörten sie draußen vor dem Bild auch noch einen Wecker schrillen. Nichts wie raus! Gedanken darüber, wie sie den Weg aus diesem Labyrinth wieder herausfinden sollten, brauchten sie sich gar nicht mehr zu machen. Mit einem klatschenden Geräusch spuckte das Zauberhaus sie wieder aus, und sie landeten unsanft auf dem Boden vor dem Bild.

Um sie herum war Panik ausgebrochen, ausgelöst durch die Ankündigung des Weckers für das baldige Erscheinen der Bewohner. Von denen dufte man nicht gesehen werden, das Verlassen ihres

Bildes in der Heiligen Nacht wäre ihnen für immer verwehrt geblieben. Drängelnd und schubsend strebte alles zurück in die angestammten Bildflächen, doch nicht alle schafften es rechtzeitig. Einem Puzzleteil war der Sprung in die oberste Reihe nicht gelungen, und so lag es nun mit starren Augen am Fuß der Wand.

Die Mutter, in einen weißen Bademantel gewickelt, hatte inzwischen den Raum betreten. „Nanu, wieder eins heraus gefallen? Ich werde euch festkleben müssen."

Während sie das Teil aufhob und mit den Augen nach der leeren Stelle im Bild suchte, huschten die drei Figuren wie ein kleiner Lichtkegel an ihr vorbei, hasteten zu ihrem Bild neben dem Weihnachtsbaum und krochen hinein. Gerade noch rechtzeitig streifte der letzte von ihnen das befleckte T-Shirt und warf es über einen Tannenzweig – im Bild war Blöße gefragt – aber wo war der rote Apfel abgeblieben, der über ihm wie eine Verheißung geschwebt hatte? Suchend blickte er umher.

Egal! In der Tasche des T-Shirts war ja noch einer!

Flink beugte er sich vor, streckte seinen linken Arm heraus, fischte den Apfel aus der Tasche und schob ihn an seinen Platz. Die Oberfläche schloss sich sogleich über der ganzen Szene, nichts verriet den nächtlichen Ausflug.

Die Mutter zog die Rollläden hoch, und sogleich bemerkte sie das zerknäulte T-Shirt. Wer von den Kindern hatte denn nur dieses alte Kleidungsstück in den Baum gehängt?

Sie griff nach dem Shirt, aber es fiel ihr aus der Hand. Als sie sich bückte, um es aufzuheben, stutzte sie. Da lag ein Apfel unter dem Tisch! Wie kam nun der wiederum dahin? Rund und glänzend lag er in ihrer Hand, ein Bild von einem Apfel! Viel appetitlicher als der gemalte.

Herzhaft biss sie hinein, ging stirnrunzelnd in die Küche und warf das Hemd in den Waschkorb. Diese Kinder mit ihrer ständigen Unordnung!

Rosemarie Bühler: „Schlange mit Ecken und Kanten", 1977

Deko-Malerei mit Abtönfarben auf Schleiflack

© Rosemarie Bühler, 1977

Foto von Rosemarie Bühler, 2001   © Rosemarie Bühler, 2001

V.

Hans Bäck

Die Misere des Engels

Vor Jahren hatte er erstmals diese Botschaft zur Erde gebracht: „Friede den Menschen auf Erden, die guten Willens sind!" Doch seit Jahren ist nichts davon zu merken. Jedes Jahr werden seine Worte in unzähligen Kirchen, in unzähligen Familien wiederholt. Aber tut sich was in diese Richtung?

Nun sind auch Engel mit einer Frustrationsgrenze ausgestattet, und so beschloss er diesmal mit dem Chef selbst zu reden. Natürlich mit dem Chefengel, mit Gabriel, der ja für Verkündigungen zuständig ist, denn mit dem Chef ganz oben, also das steht nicht einmal einem 2000 Jahre dienenden Engel zu, so ohne weiteres vorzusprechen.

Also, ließ er sich beim Erzengel Gabriel einen Termin geben. Eh schon im Advent, so dass ihm niemand vorwerfen könne, er käme erst im letzten Augenblick, wo schon alles eingeteilt sei und keine Änderungen mehr möglich wären.

Also, Gabriel hörte sich das an, nickte ein paar Mal und sagte dann: „Nun und was sollten wir Deiner Meinung nach tun?"

„Ich dachte an den Evangelisten Lukas, vielleicht könnte der im Evangelium eine kleine Änderung vornehmen, so etwas *Friede wird einmal den Menschen auf Erden"* das wäre wenigstens eine Verheißung für die Zukunft und trotzdem ohne Terminnennung, irgendwie unverbindlich.

„Unmöglich", meinte Gabriel, „das bringen wir nie durch."

„Aber ich bin ja unglaubwürdig, und nicht nur ich, sondern wir alle Engel. Es glaubt uns ja niemand mehr."

„Pass auf!", sagte Gabriel. „Da fällt mir was ein, was ist eigentlich mit den Hirten? Die waren doch damals die ersten die Deine Botschaft vernommen haben und die haben doch geglaubt. Behauptet zumindest Lukas in seinem Evangelium. Was ist mit den Hirten? Schau nach, an Ort und Stelle und berichte, vielleicht kommen wir dann weiter."

Und der Engel flog hernieder – wie es so schön in einem alpenländischen Adventlied heißt. Und er kam in einen Kibbuz, eingezäunt mit dreifachen Stacheldrahtreihen, besetzten Wehrtürmen, auf denen junge Siedler mit der israelischen Uzi MP saßen.

Die Herden in den Kibuzz sahen ja ganz schön aus, es waren ziemlich viele Tiere dort, also, ganz so arm dürften diese Hirten nicht mehr sein, dachte sich der Engel und da wurde er schon angeschrien: „Halt, bleib stehen oder ich schieße! Wer bist du, was willst du mitten in der Nacht an unseren Zaun? Verdammter Palästinenser, verschwind in dein Dorf!"

Der Engel schüttelte den Kopf und wollte antworten, doch da schoss der Posten auch schon eine Salve in die Luft. „Das nächste Mal ziele ich auf Dich, du mieser Beduine."

Nun haben Engel ja nicht unbedingt Schussverletzungen zu befürchten, aber unangenehm ist es trotzdem eine Salve in den Engelskörper gejagt zu bekommen. Ohne himmlisches Glockengeläute und ohne Engelsschein verschwand er.

Wenige Meter weiter sah er eine andere Herde, da waren schon bedeutend weniger Tiere, welche von Hunden zusammengehalten wurden, als sie ihn bemerkten, knurrten sie. Ein Mann auf einen langen Stock gestützt, kam näher. Der Engel erinnerte sich, so sahen damals die Hirten aus, die er getroffen hatte auf dem Feld vor Bethlehem. Das war einer „seiner" Hirten!

Doch der herrschte ihn zornig an: „Verschwind, elender Jude von meinen Tieren oder ich schmeiße dir eine Handgranate zwischen die Beine, dass es dich zerreißt. Bleib in Deinem Kibbuz und warte, dass wir dich dort nicht doch noch ausräuchern und unser Land wieder zurückholen."

Der Engel war verstört. Soll er sich auf eine Diskussion einlassen? Aber da zog der Hirte unter seinen Umhang etwas hervor und bewegte seinen Arm so, als ob er etwas nach ihn werfen wolle. Und der Engel machte sich schleunigst aus dem Staube. Er überlegte noch einen Abstecher nach Bethlehem hinein zu machen. Als er aber den israelischen Sperrzaun sah, die Checkpoints, die Straßensperren, die Wachen und das alles, da zog er es vor, sich in die himmlischen Gefilde zurück zu ziehen.

Gabriel hörte sich den Bericht an, und meinte, „Ich hab schon einiges davon gehört, dort soll es wirklich arg sein, und das nennen die Menschen noch immer das Heilige Land! Aber mach noch einen Versuch, geh nach Europa, geh in die Alpen. Da war doch einmal so ein Alter in einem kleinen Dorf, da irgendwo im Salzburgischen, der hat doch jahrzehntelang so was dahin gebrummt, von der stillsten Zeit und so. Schau einmal dort nach, wie es mit dem Frieden auf Erden für Menschen guten Willens bestellt ist. Etwas wird von Deiner Botschaft aufgenommen worden sein. Ich kann mir nicht vorstellen, dass gar nichts davon übrig geblieben wäre."

Engel brauchen kein GPS um nach Wagrain zu finden. Er wunderte sich beim Anflug, wie schön weiß die Berge waren. Immerhin hatte der Klimawandel in den Alpen im Dezember dafür gesorgt, dass der Schnee ausblieb. Doch Wagrein und die Umgebung waren weiß. Er hörte Pfauchen, das aus komischen Geräten kam, die Schnee erzeugten. Irgendwo in den Himmlischen Nachrichten hatte er auch einmal von Kunstschnee und Schneekanonen gelesen, das musste so was sein. Er wollte sich so ein Gerät näher anschauen, da brüllte schon einer: „Bist deppert, was tuast denn so nohe bei da Maschin? Bist epa a Greana und wüllst sabotieren ha? Paß auf, dass i da mitn Schisteckn net ane drüba ziag. Scheiß Umweltschütza, kaust net gnua aufpassen bei de Gfrasta."

Der Engel zog es vor, sich ins Dorf zu begeben. Beim Haus des Dichters kam er zurecht, wie einige Menschen das Haus besuchen wollten. Er hörte heraus, es waren dies Gäste, welche die Weihnachtszeit in dem kleinen idyllischen Dorf verbringen. Als der Engel zur Türe kam, wurde er nach seiner Eintrittskarte gefragt. Engel kaufen bekanntlich keine Eintrittskarten, die gehen durch Türen und Wände.

„Na, so geht des net bei uns, do kennat jo jeda kemman und sie einischwindeln, des is sicha a ana vo den Migranten, de wos jetzt immer mehr wern. Überall dabei sei wulln oba nix zolln. Geht net bei mir, entweder zolst oder i hul die Polizei, vastehst? Du mich verstehen, zahlen, Euro, Euro, wenn nix zahlen, dann verschwinden."

Wen wundert's dass der Engel verschwand und zurück zu Gabriel kehrte?

Allerdings, sein Problem war noch immer nicht gelöst. Vielleicht im nächsten Jahr, womöglich ist dann *„Friede den Menschen auf Erden, die guten Willens sind,"* - auf Erden verwirklicht. Beim Bericht an seinen Chef Gabriel verschwieg er aber seine Skepsis nicht und fügte schüchtern hinzu: „Man sollte doch einmal mit Lukas sprechen!"

Hans Bäck

A 8605 Kapfenberg

FDA-NRW

VI.

Bettina Döblitz

Der Christbaumständer

Beim Aufräumen des Dachbodens - ein paar Wochen vor Weihnachten - entdeckte ein Familienvater in einer Ecke einen ganz verstaubten, uralten Weihnachtsbaumständer. Es war ein besonderer Ständer mit einem Drehmechanismus und einer eingebauten Spielwalze. Beim vorsichtigen Drehen konnte man das Lied „O du fröhliche" erkennen. Das musste der Christbaumständer sein, von dem Großmutter immer erzählte, wenn die Weihnachtszeit herankam. Das Ding sah zwar fürchterlich aus, doch da kam ihm ein wunderbarer Gedanke. Wie würde sich Großmutter freuen, wenn sie am Heiligabend vor dem Baum säße und dieser sich auf einmal, wie in uralter Zeit zu drehen begänne und dazu „O du fröhliche" spielte.

Nicht nur Großmutter, die ganze Familie würde staunen.

Es gelang ihm, mit dem antiken Stück ungesehen in seinen Bastelraum zu verschwinden. Gut gereinigt, eine neue Feder, dann müsste der Mechanismus wieder funktionieren, überlegte er. Abends zog er sich jetzt geheimnisvoll in seinen Hobbyraum zurück, verriegelte die Tür und werkelte. Auf neugierige Fragen antwortete er immer nur „Weihnachtsüberraschung". Kurz vor Weihnachten hatte er es geschafft. Wie neu sah der Ständer aus, nachdem er auch noch einen Anstrich erhalten hatte.

Jetzt aber gleich los und einen prächtigen Christbaum besorgen, dachte er. Mindestens zwei Meter sollte der messen. Mit einem wirklich schön gewachsenen Exemplar verschwand Vater dann in seinem Hobbyraum, wo er auch gleich einen Probelauf startete. Es funktionierte alles bestens. Würde Großmutter Augen machen!

Endlich war Heiligabend. „Den Baum schmücke ich alleine", tönte Vater.

So aufgeregt war er lange nicht mehr. Echte Kerzen hatte er besorgt, alles sollte stimmen. „Die werden Augen machen", sagte er bei jeder Kugel, die er in den Baum hing. Vater hatte wirklich an alles gedacht. Der Stern von Bethlehem saß oben auf der Spitze, bunte Kugeln, Naschwerk und Wunderkerzen waren untergebracht, Engelhaar und Lametta dekorativ aufgehängt.

Die Feier konnte beginnen.

Vater schleppte für Großmutter den großen Ohrensessel herbei. Feierlich wurde sie geholt und zu ihrem Ehrenplatz geleitet. Die Stühle hatte er in einem Halbkreis um den Tannenbaum gruppiert. Die Eltern setzten sich rechts und links von Großmutter, die Kinder nahmen außen Platz. Jetzt kam Vaters großer Auftritt. Bedächtig zündete er Kerze für Kerze an, dann noch die Wunderkerzen. „Und jetzt kommt die große Überraschung", verkündete er, löste die Sperre am Ständer und nahm ganz schnell seinen Platz ein.

Langsam drehte sich der Weihnachtsbaum, hell spielte die Musikwalze *„O du fröhliche"*. War das eine Freude! Die Kinder klatschten vergnügt in die Hände. Oma hatte Tränen der Rührung in den Augen. Immer wieder sagte sie: „Wenn Großvater das noch erleben könnte, dass ich das noch erleben darf." Mutter war stumm vor Staunen.

Eine ganze Weile schaute die Familie beglückt und stumm auf den sich im Festgewand drehenden Weihnachtsbaum, als ein schnarrendes Geräusch sie jäh aus ihrer Versunkenheit riss. Ein Zittern durchlief den Baum, die bunten Kugeln klirrten wie Glöckchen. Der Baum fing an, sich wie verrückt zu drehen. Die Musikwalze hämmerte los. Es hörte sich an, als wollte *„O du fröhliche"* sich selbst überholen. Mutter rief mit überschnappender Stimme: „So tu doch etwas!" Vater saß wie versteinert, was den Baum nicht davon abhielt, seine Geschwindigkeit zu steigern. Er drehte sich so rasant, dass die Flammen hinter ihren Kerzen her wehten. Großmutter bekreuzigte sich und betete. Dann murmelte sie: „Wenn dass Großvater noch erlebt hätte."

Als Erstes löste sich der Stern von Bethlehem, sauste wie ein Komet durch das Zimmer, klatschte gegen den Türrahmen und fiel dann auf Felix, den Dackel, der dort ein Nickerchen hielt. Der arme Hund flitzte wie von der Tarantel gestochen aus dem Zimmer in die Küche, wo man von ihm nur noch die Nase und ein Auge um die Ecke schielen sah. Lametta und Engelhaar hatten sich erhoben und schwebten wie ein Kettenkarussell am Weihnachtsbaum. Vater gab das Kommando „Alles in Deckung!". Ein Rauschgoldengel trudelte losgelöst durchs Zimmer, nicht wissend, was er mit seiner plötzlichen Freiheit anfangen sollte. Weihnachtskugeln, gefüllter Schokoladenschmuck und andere Anhängsel sausten wie Geschosse durch das Zimmer und platzten beim Aufschlagen auseinander.

Die Kinder hatten hinter Großmutters Sessel Schutz gefunden. Vater und Mutter lagen flach auf dem Bauch, den Kopf mit den Armen schützend. Mutter jammerte in den Teppich hinein: „Alles umsonst, die viele Arbeit, alles umsonst!"

Vater war das sehr peinlich. Oma saß immer noch auf ihrem Logenplatz, wie erstarrt, von oben bis unten mit Engelhaar und Lametta geschmückt. Als gefüllter Schokoladenbaumschmuck an ihrem Kopf explodierte, registrierte sie trocken „Kirschwasser" und murmelte: „Wenn Großvater das noch erlebt hätte!" Zu allem jaulte die Musikwalze im Schlupfakkord *O du fröhliche*, bis mit einem ächzenden Ton der Ständer seinen Geist aufgab.

Durch den plötzlichen Stopp neigte sich der Christbaum in Zeitlupe, fiel aufs kalte Buffet, die letzten Nadeln von sich gebend.

Totenstille! Großmutter, geschmückt wie nach einer Karnevals-Konfettiparade, erhob sich schweigend. Kopfschüttelnd begab sie sich, eine Lamettagirlande wie eine Schleppe tragend, auf ihr

Zimmer. In der Tür stehend sagte sie: „Wie gut, dass Großvater das nicht erlebt hat!"

Mutter, völlig aufgelöst zu Vater: „Wenn ich mir diese Bescherung ansehe, dann ist deine große Überraschung wirklich gelungen."

Aber die beiden Kinder meinen: „Du, Papi, das war echt stark! Machen wir das jetzt Weihnachten immer so?"

VII.

Andreas Erdmann

Ein Engel

Einmal ist mir ein Engel erschienen. Wahrlich, ein Engel - ob du mir glaubst oder nicht: Es geschah am Weihnachtsmorgen in aller Frühe, ich lag schon eine Weile lang wach und fand keinen Schlaf mehr. Also erhob ich mich aus dem Bett und stieg in die Filzlatschen ein, durchquerte den Schlafraum und schlurfte nun auf dem langen Läufer hinüber zum Ende des Flures.

Im Vorbeigehen fingerte ich mir die Tageszeitung von gestern von der Kommode und schlurfte dann, mit dem Blatt unterm Arm, in die Küche. Hier, unter dem noch nachtschwarzen Fenster ließ ich mich vor dem Tisch auf der Küchenbank nieder, saß da im Schein einer schimmernden Funzel und blätterte in der Zeitung herum, überflog die eine und andere Nachricht auf dem Papier …

Und plötzlich - urplötzlich vernahm ich etwas, irgendwas - irgendwo hier im Haus: Ja, da war ein Geräusch! - Ich erschrak, hob meinen Blick von der Zeitung: Im Fenster über dem Tisch war es immer noch finster und stille, und ich horchte auf, horchte und hörte mein Herz, hörte die pochende Angst in mir.

Und die Furcht sprach aus meinen Gedanken: War wer im Haus? Wer war im Haus? Wo war er? Wozu und wie war er hereingekommen? - Ich drehte den Kopf, sah mich vorsichtig um und spähte zur Küchentüre hinaus, hinein in das schummrige Dunkel der Stube. Von dort, ich zuckte zusammen, blinzelte mir mit einem Mal ein Lichtschein entgegen.

Die Dunkelheit hob an zu glänzen - und jäh blitzt ein Licht auf, strahlend und hell wie der leuchtende Tag. Und mitten im Licht steht wahrhaftig ein Engel! - Ein Engel! - Schön ist er, wunderschön, sein Antlitz von goldblonden Locken umrahmt, und seine Augen erscheinen wie strahlende Sterne. Er schaute mich an - sein Blick ging mir durch und durch. Ich sah mich geblendet, doch ich vermochte mich nicht von ihm abzuwenden, war wie gebannt und saß reglos, wie verwurzelt auf meiner hölzernen Bank.

Alsbald löste sich die Gestalt aus der Stube, sie schwang sich über die Schwelle und schwebte zur Türe herein in die Küche, schwebte in ihrem weißen Gewand näher und näher zu mir heran, und heller und heller erstrahlte der Raum. Denn ein wunderbares Leuchten ging von ihr aus, und mich beschlich ein Glück, eine Freude und Liebe. Und je näher das Wesen hier auf mich zukam, umso mehr Wärme und Liebe erfüllte mich. Und ich sagte mir noch: Diesen Engel hat mir der Himmel geschickt ... –

Schon stand er nahe am Tisch vor der Bank und strahlte, strahlte mich an und fasste mich ein in sein leuchtendes Lächeln. Im nächsten Augenblick reckt er sich vor und streckt seine schlanken Arme nach mir, ergreift nun mit seinen feingliedrigen Fingern meine zitternde Hand und drückt sie sacht. Und mit seinem hellen und hohen, zarten Stimmchen sagt der kleine Engel zu mir: „Frohe Weihnachten, Papa!"

Andreas Erdmann: „Am zweiten Weihnachtstag am Böcker Hof in Solingen", **Foto aus dem Jahr 2013** © Andreas Erdmann

Was wir suchen, können wir manchmal auch finden: Das als einzigartig Empfundene - hier das Versprechen eines neuen, bunten Jahres mitten im Winterschnee. Wenn das nicht dramatisch ist! /Freie Interpretation von Kay Ganahl, 2017 (©)

Weihnachten 1943

In diesem Jahr, hatte die Großmutter der kleinen Frida gesagt, könne der Weihnachtsmann leider nicht kommen. „Warum denn nicht?", hatte Frida gefragt, woraufhin die alte Frau ihr erklärte: „Über dem Land sei der Himmel voll Feuer. Da treibe der Weihnachtsmann seine fliegenden Rentiere nicht mit dem Schlitten zur Erde herunter. Denn die Tiere scheuen bekanntlich Flammen und Rauch."

„Der schreckliche Krieg!", rief das Kind aus. „Also gibt es in diesem Jahr keine Geschenke!?"

„Hm …", machte die Großmutter, versuchte das Mädchen zu trösten und meinte: „es sei ja ein großes Geschenk für sie alle, wenn, so Gott will, Fridas Vater zum Fronturlaub über die Festtage zu ihnen heimkehre. Drum könne man mal auf andere Gaben verzichten."

„Nein, das könne sie nicht", setzte Frida dagegen. „Sicher sie freue sich sehr, den Vater zu sehen, und doch wünsche sie sich schon seit Langem vom Weihnachtsmann eine Puppe."

„Kind, du hast eine Puppe!"

„Aber keine richtige, keine mit Porzellankopf - so eine, wie die Helga sie hat."

„Und deine Puppe Marie?"

„Hach, die Marie!", tönte sie laut, „die hat ja bloß einen Holzkopf, und der ist verschrammt! Ich mag das hässliche Ding nicht mehr sehen!", schrie sie der Großmutter frech ins Gesicht.

Diese bemerkte: „Solch vorlaute Mädchen, wie sie eines sei, wolle der Weihnachtsmann eh nicht besuchen."

„Na, dann soll er bloß seine Puppen im Himmel behalten!" Trotzig ging Frida hinaus.

Es kam, wie die Großmutter sagte: Zwei Tage vor Weihnachten kehrte der Vater nach Hause. Die Kleine freute sich riesig, ihren Papa nach so langer Zeit wieder bei sich zu haben.

Dann nahte der Heilige Abend. Am späten Nachmittag verzog sich Frida hoch oben in den Vorraum zum Speicher. Sie setzte sich in den leeren Kleiderschrank – nur ihre Beine schauten heraus. So saß sie da und lauschte. Um das Dach herum fegte ein brausender Wind. Und von drunten im Haus war ein Rumpeln und Rufen zu hören. Dort schmückte der Vater die Stube fürs Fest. Doch der Kleinen war gar nicht zum Feiern zumute. Bis zuletzt hatte die Großmutter behauptet, der Weihnachtsmann bliebe aus. Warum aber, wenn er nicht durch die Luft fahren konnte, suchte er nicht auf anderem Wege zu ihr zu kommen? Sein Schlitten könnte schließlich auch auf der Landstraße fahren. Verschmähte er sie etwa, weil sie nicht brav genug gewesen war? Immerhin hatte es mehr als einmal geheißen, sie wäre zu vorlaut. - „Hach was, ich war brav genug!" Frida schmollte. In diesem Jahr sollte es auch keinen Weihnachtsbaum geben: „Für einen Baum fehlt uns in diesen Zeiten das Geld", hatte sie ihren Vater gestern bei Tisch sagen hören. Und zu allem Unglück vermisste Frida seit Tagen auch noch ihre Puppe. Hatte sie sie verlegt? Zwar hatte sie sich zuletzt um Marie kaum gekümmert - jetzt jedoch, da sie verschwunden war, hing sie an ihr!

„Frida!?" Sie schreckte zusammen, wie sie unten vom Flur ihren Namen vernahm. Es war die Großmutter, die nach ihr rief: „Kommst du herunter!? Die Stube ist hergerichtet."

Sollte sie nun nach unten gehen? Nein! Auf ein Weihnachtsfest ohne den Weihnachtsmann mochte sie sich ganz und gar nicht einlassen! So blieb sie einfach im Schrank sitzen.

„Du, wir warten auf dich", drängte die Großmutter nach einer Weile. Da beugte sich Frida aus dem Kleiderschrank vor und rief lauthals die Treppe hinunter, ohne Geschenke und ohne Marie wolle sie kein Weihnachten feiern.

„Vielleicht findet sich deine Puppe noch ein."

„Wie denn? Habe doch überall nach ihr gesucht!"

„Du kommst jetzt sofort! Sonst hole ich dich!", tönte die Großmutter scharf.

„Soll sie mich holen", sagte Frida bei sich – und blieb sitzen.

Kurz darauf war die freundliche Stimme des Vaters zu hören: „Frida, komm, bitte, der Mutter zuliebe!"

Der Mutter zuliebe …? Das Mädchen besann sich: „Na, gut!" Es klomm aus dem Schrank, ging durch den Vorraum und stieg dann vorsichtig, Stufe um Stufe, die Hand am Geländer, die Treppe hinunter.

„Da bist du ja endlich, mein Schatz!" Der Vater hob Frida vom unteren Absatz der Treppe und stellte sie auf die Steine. Er neigte sich zu ihr, zupfte die Falten an ihrem Kleidchen zurecht, straffte die Schleifen an ihren Zöpfen und meinte: „Nun schaue sie aus wie eine kleine Prinzessin." Anschließend führte er sie an der Hand durch den Gang vor die Stube: „Magst du die Tür öffnen?"

„Ja …!" Frida reckte sich, griff in die Klinke – einen Spalt breit schnappte die Stubentür auf, und ihr strahlte ein Licht aus dem Innern des Raumes entgegen. Im ersten Moment sah sie sich geblendet. Sie rieb sich die Augen, erkannte sodann die leuchtenden Kerzen mit tanzenden Flämmchen.

„Feierlich, nicht?"

„Oh ja, er ist wunderschön, unser Baum!"

Eigentlich sei es nur Tannengrün, erklärte der Vater.

„Tannengrün?"

„Ja, weißt du, ich habe Löcher in einen Ast gebohrt und grüne Zweige hineingesteckt."

„Für mich ist's ein Christbaum!", sagte sie, stand wie gebannt und erspähte jetzt unter den Tannenzweigen, die mit Lametta und Sternen von Stroh geschmückt waren, die uralte Krippe, von der man sagte, sie sei schon ewig in der Familie. In dem ärmlichen Stall erblickte sie Maria und Josef, den Esel und den Ochsen sowie drei Hirten mit Schafen - und in aller Mitte das neugeborene Kind.

Vor der Krippe, auf einem Tuch, lagen Äpfel und Nüsse. Daneben in einem Körbchen Weihnachtsgebäck. Und daran angelehnt … nein, war sie das wirklich!? – Das war doch … „Marie!" Marie, mit einem farbenfroh neuen Gesicht und in einem weißen, gehäkelten Kleid!

„Magst du zu ihr gehen?"

„Ja!" Rasch drückte Frida den Türflügel auf, sprang über die Schwelle und schnellte zur Puppe: „Mein Kind, bist du hübsch!"

„Mariechen kommt frisch aus der Weihnachtswerkstatt der Engel", sagte die Großmutter lächelnd, mit einer glänzenden Träne im Aug. Sie saß da in ihrem Lehnstuhl am Tisch, und ihr zu Seite stand jemand im Raum: Eine Frau, die Frida niemals zuvor gesehen hatte. Wer mochte das sein? Die Frau trug ein langes, schwarzes Gewand und auf dem Kopf eine schneeweiße Haube. „Ich wünsche dir", sprach sie, „ein schönes und friedvolles Weihnachtsfest!"

„Danke!" Frida, die Puppe im Arm, trat vor die Fremde und meinte, zögernd: „Bist du … die Weihnachtsfrau?"

„Nein, die bin ich nicht", gab sie schmunzelnd zurück, „ich bin Schwester Johanna."

„Schwester …?"

„Ja, ich komme vom Notdienst …"

„Notdienst?" Was mochte das Wort nur bedeuten?

„Deine Großmama rief nach mir", gab ihr die Frau zu verstehen. „So kam ich zu euch herüber vom Waldkrankenhaus."

Das Mädchen erschrak. „Vom Krankenhaus, ach!?"

Die Krankenschwester nickte ihr zu.

„Oje!", seufzte Frida und sagte zur Puppe: „Hörst du, Marie? Die Mutter ist sicher schlimm krank!"

„Nun, deine Mutter ist sehr geschwächt …"

„Darf ich sie sehen?"

Die Frau überlegte kurz, wies auf die Tür zur neben gelegenen Kammer. „Na, gehe ruhig zu ihr!"

„Und darf Marie mit?"

Marie durfte.

„Doch verhalte dich leise", gebot ihr die Großmutter noch, „und rege die Mama nicht auf!"

„Du hast es gehört: Sei schön brav", flüsterte Frida der Puppe ins Ohr, nahm sie bei der Hand und ging mit ihr um die leuchtenden Kerzen herum. Langsam trat sie durch die Tür in die Kammer, in der ihre Mutter sich heute Mittag zu Bett gelegt hatte. Im flackernden Schein der Petroleumlampe näherte sie sich dem Bettrand … – Herrje! Wie schaute die Mutter nur aus!? Völlig ermattet, ganz fahl im Gesicht, und der Schweiß perlte ihr von der Stirne herab …

„Frida?" Die Mutter drehte langsam den Kopf auf dem Kissen. „Du, deine Marie schaut bezaubernd aus."

„Ja", sagte die Kleine – und schluckte, biss sich auf die Lippe. „Mama, musst du … musst du ins Krankenhaus?"

„Nein, meine Liebe", erwiderte sie, schöpfte Atem - und fasste sie mit einem kraftlosen Lächeln ins Auge, „dafür ist es mittlerweile zu spät."

„Zu spät!?" Frida stürzte zum Bettrand. „Oh Mama, ist es so schlimm!?" Sie sank vor ihr auf die Knie und krallte die Finger ins Laken. „Musst du nun sterben!?"

„Aber Frida, beruhige dich doch!", vernahm sie hinter sich, von der Tür, ihren Vater. „Der Mama geht es zum Glück wieder besser."

„Ja, sorge dich nicht!", sagte die Frau auf dem Bett. Sie reckte und streckte sich, „ich bin gesund", schlug die Decke beiseite: „Und schau, auch dein Brüderchen strahlt vor Gesundheit!"

„Mein … B … Brüderchen?", Frida, völlig verwundert, wie sie bei der Mutter im Arm das kleine, rosige Wesen erblickte. „Wo kommst du denn her? Sag bloß, du bist von den Engeln gekommen, vom Himmel her zu uns ins Haus!?"

„So kann man es sagen", meinte die Mutter, „und stell dir vor, dein Bruder wird Christian heißen!"

„Siehst du, Marie!", rief Frida zur Puppe. „Uns wurde zum Christ-
fest ein Christian geschenkt!" Und dann lachte sie ihr Brüderchen
an: „Herzlich willkommen, du Christkind!"

Andreas Erdmann: *„Neuschnee in der Hofschaft Merscheider Hof in Solingen",* Foto aus dem Jahr 2013   © Andreas Erdmann

Gehen diesen Weg! Es ist Weihnachten! Wir müssen los, gerade weil die Zeit schwierig ist! Das Fest ist uns sehr wichtig. /Freie Interpretation von Kay Ganahl, 2017 (©)

VIII.
Kay Ganahl

Szene: Heiliger Abend mit Knecht Ruprecht

Satirischer Versuch

An einem besonderen Nachmittag, es ist draußen schon dunkel. Die Christen feiern ja heute das größte ihrer Feste. Und jeder weiß, dass es das Fest der Liebe und des Friedens ist – für alle Menschen auf der Welt! Sie versammeln sich um einen Baum, der im Mittelpunkt des Geschehens steht: Den geschmückten Weihnachtsbaum. Wer sitzt denn jetzt und hier an diesem Baum? Der Junge mit dem roten Hut, und er weint. Die Tränen kullern an seinen Wangen herunter. Er ist allein. Dann läutet eine Glocke. Hans, so heißt er, richtet sich auf, um zur Tür zu gehen. Es wird wohl Knecht Ruprecht sein, der Eintritt begehrt. Und der Junge öffnet erwartungsvoll die Tür zu seinem Zimmer, in dem es gut duftet und welches sehr gemütlich ist. Ja, es ist Knecht Ruprecht!

Feierliche Stille. Hans vernimmt aber auch ein leises Brummen - der nun vor Hans beim Baum stehende Gast ist groß und nicht sehr schön, aber trotzdem beeindruckt er den Jungen, der keine 10 Jahre alt ist. Knecht Ruprecht trägt einen schlichten, braunen Mantel. Sein voller Bart ist schon ergraut. Eine braune Mütze schmückt sein Haupt. Viele Geschenke liegen unter dem Weihnachtsbaum, an dem bunte Kugeln hängen und allerlei anderer Flitter. Hans lächelt unentwegt den Knecht an, welcher gerade mit dunkler Stimme zu sprechen angefangen hat. Hans versteht erst nicht! Der Knecht hat eine Rute in der rechten Hand, die er während des Sprechens bedrohlich schwenkt. Der Junge hat begonnen, sich zu fürchten, spricht jedoch nicht.

Was soll das mit der Rute im heiligen Zimmer mit den schönen Dingen und dem netten Hans? Der Junge will jetzt diese eine Frage stellen, plötzlich … ist da eine Soldatenschar, die aus einem Holzkasten gesprungen ist; sie wimmelt um beide herum. Um den

Mund des Knechts spielt ein leicht hämisches Lächeln. Die Rute steckt wieder in seinem Gürtel. Der kleine Hund von Hans bellt laut. Die Zimmeruhr ist von der Wand gefallen. Der amüsierte Junge lacht von Herzen. Es folgt ein Seufzen.

„Das ist ein Fest … ein wahres Fest!", spricht Knecht Ruprecht, dessen einschüchterndes Äußeres den Jungen kaum noch interessiert. Des Knechts Gesichtsausdruck allerdings ist inzwischen recht düster, seine Stimme klingt ziemlich böse.

Ähnliches hat Hans schon einmal von seinem Vater gehört, der leider nicht anwesend sein kann.

Der Schauspieler des Vaters fehlt mit Entschuldigung am Filmset, das hier aufgebaut wurde. Eine starke Grippe zwingt ihn zur Bettruhe. Alle am Filmset können froh sein, dass die Szene gespielt werden kann. Der Regisseur schaut in diesem Moment mürrisch auf die Uhr. „Weiter!", ruft er.

Ich bin einer, der gerne mitdenkt. Solche Drehtage können einen sehr anstrengen, aber umso interessanter können sie eben auch sein. Was wie ein simples Abdrehen einer Weihnachtsszene wirkt, entfaltet eventuell eine aufheizende Eigendynamik mit Improvisationen, die den Regisseur überfordert. Dies wäre wahrlich interessant!

Vorhin habe ich von Hans gehört: „Das Fest ist das Fest der Liebe!"

Der Junge hat es mit kindlicher Naivität laut ausgestoßen. Aufmerksam verfolge ich … andächtige Stille, dann eine leise Geschäftigkeit im Rahmen der Spielhandlung.

Der Knecht nimmt Aufstellung mitten im Zimmer, will eine Autorität darstellen. In diesem Augenblick verkriecht sich Hans unter dem Tisch. Ängstlich. Ich verkneife mir ein kommentierendes Lächeln, denke ich doch, dass hier ernsthaft gearbeitet wird. Alle wollen mit dem Film Geld verdienen. Für die Filmgesellschaft geht es bekanntermaßen um viel. Denn die Konkurrenz am Markt ist sehr groß.

Wo ich Stellung bezogen habe, habe ich einen guten Überblick über die ganze Szene, so dass ich vieles mit der Digitalkamera aufnehmen kann, was sich vor mir abspielt, ohne bemerkt zu werden. Die Szene wirkt auf mich anrührend-weihnachtlich. Sie soll allerdings Fragen aufwerfen, das Weihnachtsfest anzweifelnde Fragen.

In meinem Bistro ist heute das Filmset eingerichtet, was mich sehr freut. Ich genieße als Zaungast mit Videokamera jeden einzelnen Drehtag vor Ort, denn keiner hat etwas gegen meine häufige Anwesenheit. Jahrelang hatte ich gehofft, dass an diesem Ort einmal ein Dreh stattfinden würde!

Der Schauspieler des Hans dreht sich um, sieht mir in die Augen und blinzelt mich verschmitzt an, während der Darsteller Knecht Ruprecht mit der Rute auf den Tisch haut, um für Action zu sorgen.

Er ruft aus: „Das Fest der … Gewalt … Gewalt!"

Ich glaube, meinen Sinnen nicht zu trauen. Und sofort rufe ich in die Szene rein, um sie zu stoppen: „So geht das nicht, Leute!"

Befürchte nämlich, dass Schlimmes passieren könnte, zum Beispiel könnte der Weihnachtsbaum Feuer fangen. Die Kerzen, die im Baum stecken, sind teilweise schon ziemlich runter gebrannt. Und jetzt?! Wer kommandiert weiter? Ich!

„Action!", kommt's von mir. Der Knecht hält vor dem Tisch eine schwungvolle Rede, die ein einziges Hintereinander von verschiedensten Ermahnungen an den Jungen ist. - Hans kommentiert das mit einem freundlichen Lächeln, was so nicht im Drehbuch steht. Der Knecht wedelt mit der Rute.

„Es wird von Dir … Junge … erwartet, jeden Textteil auswendig zu kennen! Das … muss … muss … muss sein!", poltert der Knecht nun. Na endlich, denke ich! Der hat zu seiner Autorität zurückgefunden. „Ich bin der Regisseur!", gibt der Knecht/Regisseur von sich.

Hans spricht daraufhin altklug: „Gut Ding, will Weile haben!" Und: „Die Zeit heilt alle Wunden …!" Dies seien seines Vaters Lieblingssprüche.

Der wütende Knecht/Regisseur rennt zur Tür hinaus und lässt sie laut ins Schloss fallen. Ich versuche, die Ruhe zu bewahren, um ein ernstes Gespräch führen zu können. „Das geht so nicht, Leute!" Ein Kichern im Hintergrund. Hans guckt mir amüsiert ins Gesicht, so dass ich „Welche Dinge in Zukunft kommen werden, weiß ich nicht. Aber es wird wichtig sein!", sage ich.

Wieder so ein Kichern! Ich blicke Hans streng in die Augen. Dieser Hans wirkt auf mich geradezu belustigt, dazu noch leicht vergeistigt - seine Gedanken scheinen ihn zum Schweben zu bringen. Aber ich habe einfach die Absicht, diesen Film zu einem erfolgreichen Ende zu führen. So!

Kay Ganahl: „Ruprecht, der Bestrafer"

Foto und Fotobearbeitung von Kay Ganahl, 2017.

Martins Weihnachtsstory

Satire

Ein Schriftsteller zückt schnell den Kuli und macht sich an die Arbeit. Noch ist nicht jeder in den Horizont der digitalen Technik geschritten, - Ablenkungen darf es bei dieser kreativen Tätigkeit nicht geben.

Das galt auch für Martin, dessen Engagement in der Literatur und für die Literatur sehr groß war. Die Kreativität liebte er über alles. Heute war er der *„Weihnachtsschreiber"*, denn für eine literarische Anthologie hatte er sich vorgenommen, eine Weihnachtsgeschichte zu schreiben. Sie war ihm wichtig. Seine ganze Fantasie war gefordert. Die Zeit bis zum Ende der Einreichungsfrist war allerdings ziemlich knapp, weshalb Eile geboten war! Der Anfang seiner Geschichte gelang ihm ja, aber nur im berückenden Gedanken an Louise. Sie wurde zur Hauptfigur in der Geschichte. Und Martin hockte über dem Papier …

„Ich werde …!", sprach er nach ein paar Stunden eifrigen Kreativseins frohlockend. Gut gestimmt nahm er dann auch flüchtig Blickkontakt zu Magda auf. Sein charmantes Lächeln überzeugte selbst Dauerfreundin Magda, die in diesem Moment im schwarzen Parka-Mantel durch die Wohnung streifte; übellaunig war sie wohl.

Er rief: „Die bekommen die Geschichte, … ich spute mich …!"

Aber Magda verschwand um die Ecke in Richtung Küchenzeile.

Beide bewohnten eine karg eingerichtete Vierzig-Quadratmeter-Wohnung. Der schriftstellerische Ruhm war bei diesem Paar noch nicht eingekehrt, was besonders Magda traurig fand, so dass sie dies öfter kritisierte. Jetzt, mittags, musste die Graupensuppe her!

Das war Magdas wichtigste Tagesaufgabe: Essen machen. Martin hörte Magdas Flüche, der die Zubereitung der Graupensuppe zu misslingen drohte.

Die grüne Schreibtischlampe nickte dem „unberühmten" Schriftsteller Martin M. Martin zustimmend zu, als er sagte: „Weihnachten ist das Fest derer, die Geschenke kaufen können. Und die zum heiligen Vergnügen Weihnachtsmänninnen bestellen." Er jubelte innerlich, denn seine Form war gut. Die Geschichte, an der er dran war, musste schnellstens fertig werden! Hurtig!

Eine ferngesteuerte kleine Planierraupe tuckerte jedoch gerade an seiner Arbeitsecke vorüber. Sohn Max nahm sich mittels ihrer genialen Technik den Teppich vor.

„Würdest Du bitte das blöde Ding abstellen und entfernen, Max!", forderte ein verärgerter Vater Martin. Am liebsten hätte er die Raupe aus dem offenen Fenster gekickt.

Alsdann dachte er: „Wo sind denn bis jetzt die genialen Texteinfälle geblieben? Ach, wären sie denn heute wirklich realisierbar gewesen?"

Dann starrte er gebannt auf die Raupe, die immer noch unterwegs war, und er räusperte sich.

Sohn Max tönte belustigt: „Hier geht was ab …!"

An diesem Oktoberabend erhoffte sich Martin ein voraussichtlich amüsantes Wiedersehen mit Louise, seiner lieben Freundin von früher, die eine Weihnachtsfrau war, welche im coolen, aufreizenden Stil den Kindern das Fürchten lehrte. Sie besuchte im Auftrag die Haushalte als eine solche *„Weihnachtsmännin"*. Das war eine Mode in der Weihnachtszeit geworden. Louise lieferte ihre Show auf eine unverwechselbare, sehr direkte Art. Sie war ein Faszinosum für ihre Kundschaft. Sie wurde oft bestellt! Ihr Geschäft florierte, wie sie ihm schon mehrmals verraten hatte. Und Louise war natürlich von ihren Kunden besonders angetan!

Martin jonglierte nun mit seinem Kuli. Er wartete auf Louises Klingeln an der Haustür. Sie sollte ihn, den Freund aus alten Tagen in die bunte Erotikwelt der Weihnachtsbesuch-Praxis einweihen. Um die Zeit des Wartens sinnvoll zu nutzen, schrieb Martin etwas auf das Papier, dessen Relevanz für die Geschichte nicht oder so gut wie nicht gegeben war, nämlich ...

„Weihnachten mal anders:

Und ich brauch' häufig ‚Gesichte'

Zur Verbesserung meiner Weihnachtsgeschichte!

Ab in die Zukunft,

Auch zur Brunft - !

Wahrhaftig, ... keinesfalls die Moral aufschießt,

Sobald die Weihnachtsfrau einem den Abend vermiest ...

Dann legte er seinen Kuli zur Seite. Interessant fand er durchaus, dass er sich über diese Verszeilen amüsieren konnte - qualitativ eher schwache und für die Veröffentlichung ungeeignet.

„Kommst Du rüber, Martin?!", rief Magda. Der Duft des gekochten Essens erreichte jetzt seine Nase. Graupensuppe!

„Sofort!", rief er voller Vorfreude. Er wollte schon aufspringen, um rüber zu spurten.

Meinte aber noch: „Meine alte Flamme Louise wird die Heldin meiner Weihnachtsstory mit dem Titel: *„Amoralisches Weihnachten´.“*

„Genial!“, stieß Magda ironisch aus, „Jetzt hast Du endlich die Hauptfigur, die Deine Geschichte in die Länge schiebt, super!“

Erhellend ein munterer Martin: „Ja, es ist so! Louise weiß effizient ihr soziales Umfeld zu erotisieren, zumal die Kundschaft, die sie erwarten darf, so dass sie sich bestens als Hauptfigur in der Geschichte eignet!“

Magda lachte schrill vor der Küchenzeile stehend auf. Ungeduldig wartete sie auf Martins Kommen, löffelte ihrem Lebensabschnittspartner etwas Suppe in den Teller.

Sie stand dann beim Herd, begann ein wenig zu grübeln; wartete noch minutenlang. Dann kam er endlich. Und als er über seinem Suppenteller hing, entriss er dem Wust aus erotischen Gefühlen und Gedanken: „Die weiß genau, wie sie die Herren der Schöpfung einfängt und zu Begeisterungsstürmen hinreißen kann, wahrlich!“ Er kannte Louise als engagierte Persönlichkeit in der Weihnachtsprostitution.

Mit blondem Bart

Eine satirische Weihnachtsgeschichte

Wenn es Weihnachtsmänner nicht gäbe, dann wäre die Welt um einiges ärmer. Das ist einfach so. Wir befinden uns kurz vor den Feiertagen, Weihnachten wird bald anbrechen: Die Weihnachtsmänner haben Hochkonjunktur! Man kann sie in Läden kaufen, aber auch anderorts bestaunen, bewundern und sich über sie amüsieren. Sie sind es, die von manchem Zeitgenossen die volle Aufmerksamkeit einfordern. Ich aber finde das eher lächerlich. Und ich denke, dass ich mich auch am heutigen späten Nachmittag von nichts und keinem ablenken lassen sollte. Weihnachtsmänner – so kommt herbei, nervt! Das werde ich ertragen!

Vor Minuten bin ich aus dem Parkhaus getreten, um in die Fußgängerzone der City zu gehen. Feierliche Stimmung. Ich mische mich unter die vielen Menschen, gehe zügig. Die Weihnachtsauslagen in den Läden können beeindrucken. So manches Portemonnaie sitzt locker.

Ein *„Kauft Ihr lieben Leute, kauft!"*, habe ich hören können. Sogar ich verspüre bisweilen das Bedürfnis, etwas zu kaufen, aber dieses Jahr wollen wir uns in der Familie keine Geschenke mehr machen.

Ist das gut? Ist das schlecht? Mein Geld wird jedenfalls nicht so schnell ausgegeben.

Über mir zieht sich der Himmel zu einem eher unschönen Wintergrau zusammen, was ich nicht gerade schätze, aber einfach hinnehme, denn meine Pläne zur Auswanderung nach Brasilien sind erst einmal *„auf Eis"*. Ich hatte schon öfter solche Pläne, darunter manchmal nur das eine oder andere Gedankenspiel. Die Liebe zur

Heimat war immer zu stark. Wie wird es am Ende mit Brasilien aussehen?

Aber wegen des deutschen Wetters wandert doch keiner aus! Oder!? Die Schönheit oder Hässlichkeit des Wetters: Es könnte immer auch schlimmer kommen. Ich denke, dass man sich mit diesen Wintern einfach arrangieren muss. Manchmal mag ich den deutschen Winter sogar!

Alsdann eile ich entschlossen an einigen Leuten vorbei, stoppe vor einem großen Schaufenster. Die Waren in diesem Fenster reizen mich durchaus, aber ich weiß nicht, was ich tun soll. Auf einmal erfasst mich das Gefühl der inneren Leere. Es fällt mir schwer, noch einen sinnvollen Gedanken zu fassen.

„Alles ist … ziemlich mittelmäßig!", sage ich. Diese Aussage zu machen bin ich heute immerhin noch fähig. Darauf sollte ich fast stolz sein!

Auf der gegenüberliegenden Seite der Fußgängerzone ist ein Elektronik-Fachgeschäft. Dort läuft ein TV zur Unterhaltung der Menschen. Ein Weihnachtsmann spricht. Aber ich kann ihn nicht hören. Weil ich Deutsch von den Lippen lesen kann, stört mich das nicht wirklich. Das zum Ausdruck Gebrachte ist nichts Schönes, nichts Heiteres, nichts Erfreuliches. Dieser Weihnachtsmann ist bestimmt ganz außergewöhnlich, so dass ich ihm weiterhin meine Aufmerksamkeit schenke.

Plötzlich wird der weiße Bart aus dem Gesicht gerissen. Zum Vorschein kommt eine Fratze: Ich bin entsetzt! Es ist ein berühmter Mensch, der sich in diesem Augenblick der Öffentlichkeit zeigt. Der Mann starrt mir direkt in die Augen, weshalb ich mich abwende. Bilde ich mir etwas ein? Ein paar Schritte trete ich nach hinten, um mich zu fangen. Einem Älteren, neben dem ein Junge um die Zwölf steht, trete ich dabei auf die Füße.

„Tschuldigung!", kommt es aus mir. Der Mann nickt: „Macht nichts!"

Doch: Sieht er überhaupt, was passiert? Und zwei, drei junge Frauen ganz in Schwarz. Sie lachen laut. Sehen sie denn, was gerade passiert?!

Ich habe Angst. Der Weihnachtsmann ohne Bart wird von einem Weihnachtsmann mit einem blonden Bart, der sich vor den anderen schiebt, abgelöst. Eine blitzschnelle Ablösung, die mich irritiert. Ich habe den Eindruck, einer Kabarettaufführung beizuwohnen. Ohne Ton. Aber die anderen Leute hier scheinen alles zu verstehen …

Tatsächlich verspüre ich ein wenig Angst.

Die Zeiten sind für mich so, dass ich Weihnachtsmänner nicht mehr hören und nicht mehr sehen will. Aber diese Figuren im TV drängen sich einem auf – so auch jetzt. Ist das in diesem Augenblick nur Einbildung? Habe ich richtig gesehen?

„Warum lachen Sie darüber?", frage ich die Leute neben mir, doch die unterlassen es, mir Antworten zu geben. Der Ältere, vielleicht sechzig Jahre alt, schwingt seinen Krückstock in meine Richtung, so dass ich mich bedroht fühle.

„Nehmen Sie den Stock zurück!", fordere ich ihn auf.

Er: „Sie können mich …!" Ich runzele die Stirn.

Dieser Weihnachtsmann mit blondem Bart scheint etwas zu sagen, was die Menschen in den Bann schlägt, jedenfalls starren sie fasziniert auf den TV-Bildschirm.

„Könnt Ihr alle Lippen lesen?", frage ich laut in die Gruppe der Anwesenden. Reaktionen bleiben aus!

„Wollt Ihr diese Figur etwa ernst nehmen, Leute?!" Doch kein Mensch rührt sich. Sie stehen starr vor dem Schaufenster – wie die Schaufensterpuppen, nur im kalten Freien. Auch der blondbärtige Weihnachtsmann. Auch der! Er regt sich jetzt allerdings – blickt mich freundlich von der Seite her an. Ich glaube nicht, dass ich ihn kenne.

„Wie geht's denn so?", fragt er mich - vermutlich erblasse ich in diesem Augenblick, der nicht schräger sein könnte. Ein echter Weihnachtsmann mit blondem Bart … das ist originell, zumindest außergewöhnlich. Hier gewinnt gerade ein neuer Typ Weihnachtsmann Statur! Neben mir, ja: Und er spricht mich direkt an! Aber ich zucke nicht mal mit den Wimpern. Denn meine Nerven sind wahrhaft stark. All die Lebenserfahrungen haben mich nach innen hin emotional ausbetoniert.

„Wie es mir geht …?", frage ich nach ein, zwei Minuten ziemlich cool zurück. Danach trete ich etwas nach links weg. Dieser Weihnachtsmann lehrt mich doch ein bisschen das Fürchten.

Ich frage: „Kennen Sie mich etwa?"

Er: „Ja, wir kennen uns seit der Schulzeit. Ich bin Karl, der dämliche Karl aus der 3c! Du hast mich gehasst. Und ich habe Dich auch gehasst. Ab und zu haben wir uns geschlagen!"

Mir entweicht allerdings bloß ein „Es fehlt mir die Erinnerung!"

Dieser erstaunliche Weihnachtsmann rempelt mich kurz an. Dann geht er dazu über, die paar anderen, die vor dem Schaufenster stehen, herum zu schubsen. Das führt bei denen dazu, dass sie ihn schlagen und treten, so dass er bald am Boden liegt. Seine Nase blutet. Der Schnee verfärbt sich komisch und tragisch zugleich weiß-rot, eben weihnachtlich.

Und ich? Ich denke an meine Freundin Carina C., die jetzt an meiner Seite stehen sollte, um sich über diesen absurden Weihnachtsmann kaputt zu lachen.

Die Situation ist für mich einfach danach: Ich lache. Denke ernsthaft, dass sich meine momentane Wahrnehmung der Realität etwas zum Negativ-Absurden hin verschoben haben muss. Hoffe ja, noch teilweise bei Verstand zu sein!

„Was unternehmen die Marketingmanager alles, um die Aufmerksamkeit der Konsumenten auf sich zu ziehen?", frage ich ganz laut. Kurz und lautlos formt der Blondbärtige seine Lippen zu ein paar Worten.

Dieser Blondbärtige, der mich anscheinend kennt, ist nun aufgestanden, um sein Kostüm zu richten. Sein schöner Bart (Ich finde ihn wirklich schön!) wird von ihm mit besonderer Aufmerksamkeit bedacht. Er lächelt vor sich hin. Dann blickt er unter das graue Himmelszelt, das er offenbar unerquicklich findet. Zu beobachten ist auch, dass er einfach gehen will, doch ich will ihn möglichst zurückhalten.

Daher sage ich: „Gehen Sie immer so vor, wenn Sie die Leute beeindrucken wollen, damit sie Produkte kaufen, eh?!"

„Ich bin einfach nur ein netter Weihnachtsmann. Mich gibt es sogar nur ein einziges Mal auf der Welt. Kurz vor den Feiertagen komme ich von oben herab, denn Gott sendet mich regelmäßig aus, um die Welt zu erstaunen, selbst wenn ich nur einige wenige Menschen erreichen kann!"

„Heute war's wohl eine Pleite?"

„Jeder noch so kleine Erfolg ist es wert, Euch zu besuchen. Ich kannte Dich ja wirklich, ich kannte jeden Menschen, den ich jemals kennen wollte …!"

„Ach so ist das …!", reagiere ich ironisch.

Inzwischen hat sich eine größere Gruppe Menschen um uns herum gebildet, Stimmen schwirren durcheinander; aus blassen Gesichtern starren mich Augen des Interesses an, aber auch der Irritation.

„Sie dürfen die Leute hier nicht unnötig aufregen!", kläfft mich auf einmal ein Polizeibeamter an, der nacheinander mich und den Blondbärtigen streng anguckt.

Brand am Heiligen Abend

Erinnere mich jetzt an

meinen Heiligen Abend, bin nah dran.

Es war gemütlich, absonderlich

- überaus nett

mit dem Puter auf dem Tisch, sehr fett!

Als der schäbige Knecht Ruprecht sich heranschlich ...

... zu diesem einen Bäumchen

im feierlichen Räumchen ...

Jawohl! Knecht Ruprechts Glocke bimmelte,

infolge dessen eine rote Soldatenschar wimmelte,

so dass eine Kerze vom Bäumchen herunterfiel ...

Bellos Gekläff allen Anwesenden zutiefst missfiel!

Ich, ja ich stand stumm davor, lächelte froh ...

unser Bäumchen brannte lichterloh!

Böse Weihnachtsüberraschung nun,

Bloßes Abwarten ist hier nicht anzuraten.

Zu antworten ist mit entschlossenem Tun!

Sonst wird man gebraten!

Entflohen diesem Abend,

alsbald allein - in der Küche mich an Resten labend.

In dem leckeren Eintopf

lag ein schwarzer Kopf:

Sehr köstlich gar!

„Dieser Brandunfall ist wirklich wahr!"

Was künftig unbedingt sein muss, ist schlicht:

Bitte immer den Ruprecht außer Sicht!

Eine Moral von der Geschicht'

gibt's hier nicht.

Kay Ganahl: Geliebter Baum

Foto und Fotobearbeitung von Kay Ganahl, 2017.

© Kay Ganahl, 2017

Zu Besuch bei Dieter

Eine satirische Geschichte zu Weihnachten

Eines Nachmittags fuhr Larry Cent, der ein recht bekannter TV-Showmaster war, zu Dieter Eberle.

Es war Anfang Dezember. Der Schnee legte sich auf die Dächer der Häuser und die Menschen, die sich draußen aufhielten genossen ihn. Bis zu den christlichen Weihnachtsfeiertagen war es nicht mehr weit. Viele Menschen liebten diese Tage.

Am Nikolaustag besuchte der heilige Nikolaus die Kinder in den Wohnungen der Eltern. Er war oft in Begleitung seines Knechtes Ruprecht, den viele fürchteten.

Der zehn Jahre alte Dieter mochte allerdings Nikolaus und Weihnachten nicht! Und erst recht nicht Knecht Ruprecht!

Larry Cent war ihm an diesem Nachmittag natürlich willkommen.

Schon von außen wirkte das Mietshaus, in welchem Dieter mit seiner Familie wohnte, auf Larry unsympathisch. Das Haus lag in der Beethovenstraße: Der Putz blätterte von der Fassade ab. Es sah ein bisschen so aus, als würde sich das Haus auflösen!

Larry wurde von Dieters Mutter im blauen Arbeitskittel mit großer Freundlichkeit empfangen. Sie grinste breit. Klar, ihr schönes schwarzes Haar beeindruckte ihn. Mit einem freundlichen „Hallo!", betrat Larry dann freudig ein kleines Zimmer. Der Junge, über einen Comic gebeugt, schaute allerdings bloß desinteressiert auf. Seine etwa fünfzigjährige Mutter stand - es war jedenfalls zu vermuten - hinter der halb angelehnten Tür, um zu lauschen.

„Wie geht es denn so?", fragte sie.

„Keine Ahnung!"

„Aber du hast doch bestimmt Lust, zum Fußball zu gehen. Heute ist Samstag!"

Doch Dieter versuchte das Gespräch mit einem „Kein Bock!", zu schließen. Er setzte sich an den niedrigen Tisch, dessen Schublade offen war. Jetzt kramte er in ihr. Nebenan dudelte die Rockmusik seines Vaters, der für seinen Musikgeschmack im Haus verschrien war. Ab und zu röhrte er einen Refrain.

„Bald ist es soweit – Nikolaus kommt!", kündigte Larry den Nikolaustag an. Er wollte sich nicht abwimmeln lassen.

Natürlich wusste Dieter jetzt genau, worum es ging. Ums Schenken. Und auch darum, beschenkt, aber eventuell auch durch den Knecht Ruprecht bestraft zu werden.

„Ich ... ich will nicht hören, dass der Nikolaus kommt, der von Haus zu Haus zieht!"

Etwas verärgert drang dann Larry mit seinem Blick in den Jungen, der ihm seit Jahren gut bekannt war. Die Bedingungen, unter denen er lebte, waren nicht die besten. Er konnte ihm manche Unhöflichkeit verzeihen.

Larry wollte überzeugen: „Alle Kinder mögen ihn, er ist der Gute, der euch Geschenke überreicht, wenn ihr im Jahr viel Gutes getan und erreicht habt! Brav wart!"

Dieter starrte missmutig in die Schublade, mit seinen Händen langte er nach einem kleinen roten Nikolaus. Er hing an seinem Spielzeug. Ans Verschenken oder Verkaufen hatte er bestimmt noch nie gedacht. Jetzt warf er die Figur in die Schublade zurück.

Dieter: „Der Nikolaus ist einer, der uns Kinder belohnt. Mich muss keiner belohnen, dafür bin ich schon zu alt ...“ Er sprach mit dem Brustton, der vollen Überzeugung. Wütend.

„Nikolaus will dir etwas schenken. Es ist nichts Schlechtes!“

Vor wichtigen Feiertagen besuchte Larry Jungen wie Dieter, weil er ehrenamtlich für eine Wohltätigkeitsorganisation arbeitete. Er wollte natürlich ernst genommen werden!

Weiter ging es:

„Mir kann der Nikolaus gestohlen bleiben! Scheiß Weihnachten …!“, schoss es aus dem Jungen, der dann auch aufstand.

„Wie kannst du so was sagen?“

„Ich bin nun mal ein böser Junge. Und ich finde DAS sehr gut! Alle finden das, alle!“

Seelenruhig Larry: „Okay, aber ich finde es eben nicht.“

Laut gegen Larry: „Knecht Ruprecht, diesen … Bestrafer, mag ich schon gar nicht! Den will ich nie mehr sehen!“

„Ach so! Aber du brauchst keine Angst vor dem Knecht zu haben. Er schlägt dich doch nicht. Das alles ist nur ein Brauchtum. Weißt du, was das ist?“

„Ich weiß einfach alles, nämlich auch, dass der Knecht Ruprecht die Drecksarbeit für den Nikolaus erledigt!“

Larry schüttelte den Kopf. Seinen Dieter würde er wohl heute weder für den Besuch des Fußballspiels noch für den bevorstehenden Nikolaustag begeistern können. Vielleicht fand Dieter seinen Besuch aufdringlich. Oder er war bloß schlecht gelaunt. Dass Dieter nicht belohnt werden wollte, hielt Larry allerdings für sehr bedenklich. War es nur deshalb, weil Dieter wegen seiner kleinen 'bösen Taten' viel Angst vor der Rute des Knechtes, dem Bestrafer hatte?

Dieters Mutter kam plötzlich herein. Sie zog Larry aus dem Zimmer.

Copyright By Kay Ganahl, 2017

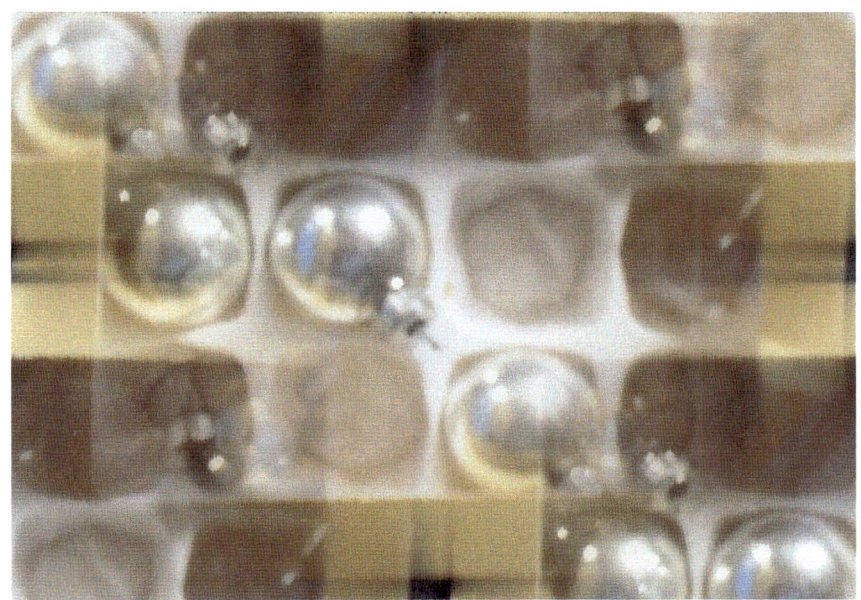

Kay Ganahl: Kugeln für den Baum

Foto und Fotobearbeitung von Kay Ganahl, 2017.

IX.

Josef Graßmugg

Aufruf

An alle Familien mit Kindern, die vorhaben, Weihnachten zu feiern

In Anlehnung an die vier Kerzen am Adventkranz wurde folgendes Vier-Punkte-Verzichts-Programm ausgearbeitet:

1. Verzichtet auf den Christbaum!

Auf Bäumen wachsen weder Likörfläschchen, noch Windringe, Glaskugeln und auch keine Kerzen. Trotzdem müsst ihr es euren Kindern plausibel machen oder sie belügen.

Christbäume sind also pädagogisch falsch.

2. Verzichtet auf die Weihnachtskrippe!

Es besteht die Gefahr, dass Kinder durch die mangelnde Hygiene, die in einem Stall zweifellos herrscht, negativ beeinflusst werden. Außerdem ist die Vorgehensweise der Hirten zu verurteilen!

Schließlich können auch die Kinder – wenn sie einmal im Berufsleben stehen – nicht einfach ihren Arbeitsplatz verlassen, nur weil sie plötzlich das Gefühl haben, sie müssten rasch irgendwo hin.

Deshalb sind auch Krippen pädagogisch falsch.

3. Verzichtet auf die Christmette!

Unabhängig davon, ob der Kirchgang bereits für den Nachmittag oder für die Nacht geplant ist – man sollte darauf verzichten!

Wenn man nämlich mit dem Auto zur Kirche fährt, treibt man die ohnehin schon hohen Feinstaubwerte noch zusätzlich in die Höhe.

Aber auch wenn man zu Fuß geht, besteht durch die erhöhte Menschenansammlung in der Kirche ein ungleich größeres Gefahrenpotential von einem Krankheitserreger angesteckt zu werden als zu Hause. Der volkswirtschaftliche Schaden durch vermehrte Krankenstände könnte exorbitante Ausmaße annehmen.

4. Verzichtet auf die Weihnachtsgeschenke!

Weihnachten ist das Geburtsfest Jesu! Warum sollten also eure Kinder *„Geburtstagsgeschenke"* bekommen?

Damit, dass ihr eure eigenen Kinder beschenkt, obwohl ein anderes Kind Geburtstag feiert, stiftet ihr nur Verwirrung.

Bitte unterlasst das in Zukunft.

Die konsequente Umsetzung dieser Vorschläge wird Ihnen die Feier eines würdigen Weihnachtsfestes erleichtern.

Nachsatz: Ab sofort beginnen unsere Experten mit der Ausarbeitung entsprechender Richtlinien für die Osterfeiertage.

Weihnachtswünsche

Spazieren im Schnee,
und dann heißen Tee
oder bei Kerzenlicht Wein,
so soll Weihnachten sein.

An andere denken.
Etwas zu schenken
und sei es auch klein,
so soll Weihnachten sein.

Die Hektik verlieren,
und Frieden zu spüren.
Um diese Zeit nicht allein,
so soll Weihnachten sein.

X.

Anette Gröhler

Weihnachten ohne Handy und andere elektronische Geschenke

Zwei Monate vor Weihnachten bekam unsere Oma eine schreckliche Nachricht: Unglaublich … sie würde wegen ihrer Krebserkrankung dieses Weihnachtsfest nicht mehr erleben.

Für Weihnachten äußerte sie dennoch einen Wunsch: Es sollte keine Handys und andere elektronischen Geschenke geben. Es war nun an Mutter, die Nachricht über Omas letzten Wunsch den Anderen mitzuteilen.

Dank Chemo-Therapie und moderner Medizin weilte sie aber im Dezember noch unter uns.

Laura, die 17-jährige, die den ganzen Tag mit ihren Freundinnen mailte, hatte sich das neueste Modell eines Smartphones ausgesucht. Die 10-jährige Lisa konnte nur am Computer ihre Hausaufgaben machen. Daher hatte sie sich eine Software für Deutsch-Französisch gewünscht. Der 8-jährige Paul wollte alle DVDs von „Star Wars".

Vater wünschte sich das neueste Apple-Tablet, auf dem er Börsennachrichten vergleichen und sogar ein bisschen Schach spielen konnte.

Es war Mutters Aufgabe, die Weihnachtsgeschenke zu besorgen. *Na, Prost Mahlzeit!*, dachte sie und zerbrach sich den Kopf.

Auf dem Weihnachtsmarkt fand sie ein Schachspiel mit ausgefallenen Figuren für Vater. Für Opa entdeckte sie eine elektrische Wärmedecke. Er fror doch immer so viel. Ihrer Tochter Lisa kaufte sie tatsächlich den teuren Marken-Pullover, den sie eigentlich nicht kaufen wollte. Für Tom erwarb sie ein Buch von „Star Wars"- Extra Edition, mit besonderen Bildern und ein funktionstüchtiges Lichtschwert. *Lesen schult die Rechtschreibung*, schoss es ihr durch den Kopf und sie grinste zufrieden.

Oma besorgte sie ein schickes Seidennachthemd für das Krankenhaus. *Was aber bekam Laura?*, fragte sie sich und schaute sich suchend um. Dabei fiel ihr Augenmerk auf eine Popcornmaschine. *Bestimmt konnte das Mädchen ihre Freundinnen auf eine Runde Popcorn einladen*, dachte sie schmunzelnd und bezahlte freudig das letzte Geschenk.

Der 24. Dezember kam. Es gab wie jedes Weihnachten zuerst einen Gänsebraten mit Kartoffeln und Rotkohl. Natürlich war die Bescherung bei uns traditionell nach dem Essen.

Auf Mutters Stirn sammelten sich einige Sorgenfalten, als sie die überraschten Blicke der Familienmitglieder erspähte, über die Päckchen unter dem Weihnachtsbaum.

Oma erhielt als Erste ihr Geschenk und packte es vorsichtig aus. Sie lächelte. „Das werde ich tragen, wenn der nette Doktor mir wieder diese Spritze gibt", kommentierte sie und fuhr mit ihren Händen über das Seidennachthemd.

Opa kuschelte sich sofort unter seine warme Decke. Vater stellte erst einmal das Schachspiel auf. Mit gelungenen Worten konnte er Paul vom Krieg der Bauern gegen den König überzeugen. Selbst Lisa saß in ihrem Traumpullover daneben und achtete auf Vaters Erklärungen über Springer, Türme und Königinnen.

Nur Laura bestand gelangweilt darauf, ihre Popcornmaschine auszuprobieren.

In der Beschreibung stand, dass der Benutzer den Boden des Gerätes mit Körnern füllen und dann anschalten sollte. „Was?!", rief Laura. „Dann frisst mir Paul gleich alles weg."

Sie kannte ihren Bruder nur zu gut, denn er war eine Naschkatze.

Mürrisch füllte sie es mit den Körnern. Vergnügt betätigte sie den Anmachknopf. Sofort begann es zu knacken.

Laura, neugierig wie sie war, öffnete den Deckel. Ohne Vorwarnung schoss das erste Popcorn aus der Maschine. Er steuerte direkt den Pflegedackel Lumpi an und traf ihn am Kopf. Jaulend vor Schreck schlich der Rüde im Rückwärtsgang in den Flur, wo er sich in sein Körbchen verkroch.

Anders Kater Flocke. Der Samtfüßler bewies Spaß und Kampfgeist. Wie besessen jagte er die einzelnen Popkörner mit den Pfoten, wie Bällchen durch die Küche. Deshalb hatte er so viel Tempo, dass Mutter über ihn stolperte und auf den Küchentisch fiel. Sie fing sich nur knapp über dem Teller mit den Knochenresten.

Opa wachte aus seinem Nickerchen auf und schrie: „Geht in Deckung, die Pakistanis kommen!" Dabei quälte er sich hoch aus seinem Rollstuhl. Unglücklicherweise verhedderte er sich plötzlich in seiner Wärmedecke. Er stürzte nach vorn. Gott sei dank nur über die Sessellehne, in dem Vater saß, der ihn entgeistert musterte.

Paul zog erschrocken sein Lichtschwert und schrie: „Lass sie kommen, Opa!" Wie ein Jedi-Ritter schlug er die fliegenden Körner zurück in die Küche. Inzwischen fing Oma ein Popcorn und steckte es in den Mund. Dadurch musste sie so lachen, dass sie sich daran verschluckte. Durch den Lachanfall bekam sie kaum noch Luft.

Mit Entsetzten beobachteten wir Oma und brachten sie vorsichtshalber ins Krankenhaus, wo der nette Doktor Schulz Notdienst hatte. Dieser lächelte uns nach ein paar Minuten Behandlungszeit freundlich an und erwiderte: „Das ist ein Glücksjahr für ihre Großmutter. Erst die Mitteilung, dass der Krebs bei ihr besiegt und die Behandlung abgeschlossen ist. Und jetzt die erfolgreiche Rettung vor der Erstickungsgefahr."

XI.

Eleonore Hillebrand

Der Weihnachtsbraten

Mama, Fleisch kannst Du nicht, da gehen wir lieber zum Opa, sagten meine halbwüchsigen Söhne zu Zeiten als der Großvater noch lebte und seine gelungenen Braten zu Festtagen auf den Tisch brachte.

Es war jahrelang zu Weihnachten so gewesen und ich wollte mich nicht streiten, musste freilich insgeheim zugeben, dass mein Vater mir in der Erstellung schmackhafter und zarter Fleischgerichte überlegen war.

Der Stich aber saß immer wieder. Er kratzte gewaltig an meinem Selbstwertgefühl. So ein Unfug. Was erlaubten sich die Schnösel ihrer Mutter gegenüber!

Doch, ich schwieg. Eines Tages würde ich es ihnen zeigen.

Als Weihnachten unumgänglich wieder nahte und im Familienkreis die Wünsche für die Festtafel am ersten Weihnachtstag eingesammelt wurden, einigten wir uns auf einen Hackbraten mit Rotwein-Printensoße. Hackbraten aßen die Jungs liebend gern und den konnte ich, wie nichts sonst.

Wir waren weit davon entfernt, uns so allseits gängige und komplizierte Gerichte wie einen Puter, eine Gans, Wild oder Karpfen zu wünschen. Rheinischer Sauerbraten wäre ja was gewesen, aber den gab es häufiger, weil ich den auch konnte. Und Karpfen? - Fischiges mochten die Jungens nicht. Und wir Erwachsene auch nicht.

Weihnachten war nichts Flüchtiges, nichts Erdiges und auch nichts Wässriges. Weihnachten musste nach Orient schmecken, denn von dort kamen ja all die Ideen, die Versprechen zu einem gelungenen Leben und die Zusicherung ewigen Heils. War es nicht ein

Gewürz, das dem Kind in der Geschichte über seine Geburt in einer Krippe zum Geschenk gemacht wurde? Mit Gewürzen, genannt Spezereien, gingen Maria von Magdala und die Frauen zum Grab, um den Leichnam zu pflegen.

Würze machte unser Leben erst lebenswert.

Schluss mit den Gedanken, die mir das Wasser im Mund zusammen laufen ließen.

Am Vorabend zu Weihnachten kaufte ich je sechshundert Gramm frisch durchgedrehtes Rinderhack und zubereitetes Mett beim Metzger meines Vertrauens. Ein altes Brötchen hatte ich schon zum Weichen in Sprudelwasser eingelegt. Ich schnitt Zwiebel in Würfel und stellte mir die Gewürze und Eier zurecht, die ich kreativ in die Fleischmasse einkneten wollte. Am besten schmeckte der Braten, wenn er in Schweineschmalz gebraten würde, wusste ich aus einem alten Rezept. Das Schmalz musste man nach dem Braten abschütten und die Soße mit Butter zubereiten.

Am Heiligen Abend, dem Vorabend zu Weihnachten, gab es erst einmal die Geschenke, dann die traditionellen Königinpastetchen mit Zitrone und Worcestersoße. Auch der Besuch der Mette gehörte zum alljährlichen Ritual.

Früh am Weihnachtsmorgen, noch ehe meine Familie zum Frühstück erschienen war, machte ich mich an die Zubereitung des Fleischs, damit es wohlgeformt noch eine wenig ruhen konnte, bevor ich mit dem scharfen Anbraten beginnen wollte.

Ein wunderbar würziger Duft zog durchs Haus. Alle freuten sich auf das Mittagessen. Mein Mann sorgte für eine gute Flasche Rotwein, den er dekantierte. Die Beilagen und eine Hühnersuppe vorweg waren gelungen.

Ich bin Kreativköchin mit einem kleinen Schönheitsfehler. Ich denke mir den Geschmack der Speisen und lehne es ab zu probieren oder wie man sagt abzuschmecken. Manchmal bitte ich die Jungs das zu übernehmen. Diesmal ergab es sich nicht.

Zusammen deckten wir den festlichen Tisch. Tannenzweige mit einer Kerze an den vier Tischecken, kleine silberne Sterne verteilte ich über den weißen Damast.

Die Hühnersuppe mundete allen. Einer der Jungens verbrannte sich wie jedes Jahr den Mund, weil er zu gierig war.

Dann kam der große Moment, eine Silberplatte mit darauf aufgeschnittenem Hackbraten, übertupft mit der Rotwein-Printensoße setzte ich wie in einer heiligen Handlung auf die Tischmitte. Alle reichten eilfertig ihre Teller. Ich verteilte großzügig, denn es war reichlich da. Jeder nahm noch Soße aus einem separaten Gefäß.

Mit dem Wunsch auf einen guten Appetit schnitt mein Mann zuerst ein Stück Braten ab, um zu kosten.

Die Jungens prusteten alles zurück auf ihren Teller, mein Mann machte ein ratloses Gesicht. Ich sank in mich zusammen.

Ich hatte gezuckert statt zu salzen.

© Eleonore Hillebrand - 2017

XII.

Martina Hörle

Trauriger Schnee

Da lag er nun. Ganz plötzlich über Nacht war er vom Himmel gefallen und hatte sich wie eine dicke weiche Decke ausgebreitet. Ganz still war er und schaute sich nur staunend um.

Bisher war er noch nie auf der Erde gewesen, und jetzt wusste er noch nicht so richtig, was er hier sollte.

Ich muss zugeben, dass es mir hier gefällt, dachte er. „Auch diese weiße Farbe, die ich trage, finde ich wirklich elegant. Aber ... was mache ich eigentlich hier? Aus welchem Grund bin ich vom Himmel gefallen?"

Er grübelte lange, aber ihm fiel nichts ein. Ein Häschen hoppelte heran. Schnell, bevor es vorbeilaufen konnte, fragte der Schnee: „Weißt Du vielleicht, warum ich hier bin?" Missmutig erwiderte das Häschen: „Du deckst mein Futter zu, so dass ich ständig Hunger habe. Jetzt lass mich weitersuchen, damit ich wenigstens ein bisschen zu fressen finde."

Der Schnee war ratlos: „Warum tue ich das? Wenn ich das Futter zudecke, hat das Häschen Hunger."

Da kamen zwei Vögel angeflogen. „Hallo Ihr beiden, könnt Ihr mir eine Frage beantworten? Ich denke darüber nach, was ich eigentlich auf der Erde machen soll."

Die beiden krächzten missgelaunt: „Was Du hier machen sollst, wissen wir auch nicht. Wenn Du hier bist, müssen wir frieren. Das können wir gar nicht leiden." Und schimpfend flogen sie davon.

„Kann ich denn nichts tun, was anderen hilft?", fragte sich der Schnee betrübt. „Der eine hat Hunger, die anderen frieren – und das nur, weil ich da bin."

Da kam die Sonne am Himmel hervor und sah die Trauer des Schnees. „Was hast Du? Was bedrückt Dich so?" Und der Schnee erzählte der Sonne, was er erlebt hatte. „Ich suche nach dem Grund, weshalb ich auf der Erde bin. Aber alles, was ich erfahren habe, ist nicht gut."

Die Sonne lachte: „Sei nicht traurig. Sieh Dir mal den Himmel an. Jetzt bin ich hier und er ist leuchtend blau. Und Du mit Deiner strahlenden weißen Farbe holst die Menschen aus den Häusern. Sie haben Schlitten. Damit fahren sie auf Deiner weißen Decke umher. Und sie formen große Kugeln aus Dir. Die stellen sie auf-einander und nennen sie Schneemann. Dabei sind sie immer sehr lustig."

Das freute den Schnee. Doch irgendwann ging die Sonne unter und es kam der Mond. Jetzt waren die Menschen wieder fort.

Auch der Mond merkte, dass der Schnee bekümmert war und sprach zu ihm: „In der Nacht ist es oft so dunkel, dass man kaum etwas erkennen kann. Aber wenn ich am Himmel stehe und mein

Licht aussende, schickst Du es mit Deiner weißen Decke zurück. Dadurch finden sich alle, die im Freien sind, besser zurecht. Und die Natur deckst Du zu, so dass sie Ruhe finden und sich erholen kann. Sonst wäre sie im kommenden Jahr gar nicht lebensfähig."

Da spürte der Schnee, wie wichtig er für Vieles war. Während er noch darüber nachdachte, kamen die Sterne zum Vorschein und schienen zusammen mit dem Mond. Ihre Strahlen fielen herunter bis auf den Schnee. Tausende kleiner Punkte glitzerten auf dem Weiß. „Was macht Ihr da?", staunte der Schnee. „Das ist ja zauberhaft!"

„Das bist Du, lieber Schnee", lachten die Sterne. „Diese kleinen Punkte heißen Eiskristalle. Sie funkeln wie Diamanten. Und so etwas hat nur der Schnee anzubieten."

Warum es dieses Weihnachten keine Süßigkeiten gibt.

Schon beizeiten jedes Jahr
backt die ganze Himmelsschar
viele Plätzchen, bunt und süß.
So ist das im Paradies.

Doch auch naschen tut man gern,
Engelein und Zwerg und Stern.
Jeder nur ein kleines Stück.
Und dann strahlen sie vor Glück.

Nikolaus, der hat gedacht,
wenn bis zu der Heil'gen Nacht
keiner an dem Kuchen war,
reicht er für die Kinderschar.

Aber wenn hier jeder nascht,
wär ich gar nicht überrascht,
wenn zur Weihnacht alles weg
von dem himmlischen Gebäck.

Und so dacht' sich Nikolaus:

„Denen treib ich naschen aus.

Bring jetzt eine Glocke an,

die ja lautstark bimmeln kann.

Keiner schleicht sich unbemerkt,

sei es Englein oder Zwerg,

zu den vielen Schachteln hin,

wo das Zuckerwerk ist drin."

Denn ich hör von weitem schon

jedes Mal den Glockenton.

Ist dann jemand weggeflitzt,

hat er ganz bestimmt stibitzt.

Schnell gesagt und schnell getan

brachte dann der Weihnachtsmann

Glöckchen an, doch gut versteckt,

dass man's nicht so leicht entdeckt.

Teig geknetet und gerührt,

und da ist es schon passiert:

Pfefferkuchen und Krokant

sind ein bisschen angebrannt.

Jeder kriegt `nen Zuckerhut,

und schon ist es wieder gut.

Mandelspekulatius,

ach, was für ein Hochgenuss.

Aber da, von weitem schon

hört man diesen Glockenton.

Engelein ist weggeflitzt,

hat vom Lebkuchen stibitzt.

Backofen kommt nicht zur Ruh'

Backen, backen immerzu.

Sternentaler mit viel Zimt,

und das Holz im Ofen glimmt.

Ofen an und Ofen aus,

Teig muss rein und Teig muss raus.

Butter, Zucker, Zitronat,

alles rein, was man so hat.

Aber da, von weitem schon
hört man diesen Glockenton.
Zwergelein ist weggeflitzt,
hat vom Marzipan stibitzt.

Tag für Tag die Himmelsluft
wird erfüllt vom Plätzchenduft.
Jedem steigt sie in die Nas',
jeder will probieren was.

Honigringe, Nüsse, Grieß,
Kardamom und Sternanis,
Lebkuchen und Marzipan,
jeder backt, so viel er kann.

Aber da, von weitem schon
hört man diesen Glockenton.
Rentier ist grad weggeflitzt,
Pfefferkuchen hat's stibitzt.

Alle sammeln Engelshaar,

reißen manches aus sogar.

Wickeln dann die Glocke ein,

clever muss man eben sein.

Nikolaus, der hört nichts mehr.

Freut sich im Moment noch sehr.

Und er lacht auch ganz verschmitzt.

Glocke hat bestimmt genützt.

Doch da hat er schwer geirrt.

War vermutlich leicht verwirrt,

denn wer Süßes haben will,

hält nicht vor der Glocke still.

Weil die ganze Himmelsschar

viel stibitzt hat dieses Jahr

ist das Zuckerzeug, oh Schreck,

bis zum letzten Krümel weg.

Die liebe Verwandtschaft

Ach je, du Fröhliche!

Wie jedes Jahr hat sich auch zu diesem Weihnachtsfest die liebe Verwandtschaft angedroht. Ach, wird das wieder stimmungsvoll. Vielleicht hätten wir damals besser nicht die große Wohnung ausgesucht. Dann wären wir Weihnachten zu den anderen gefahren, hätten uns bedienen lassen, satt gegessen und wären wieder nach Hause gefahren, ohne Stress und ohne Arbeit.

Aber so sind eben alle bei uns. Dieses Mal kaufe ich besser zwei große Gänse. Im vorigen Jahr hat es nicht ganz gereicht. Da mussten wir später unsere ganzen Vorräte plündern. Und weil Onkel Friedrich mit in den Keller gegangen ist, hat er auch gleich meine Weinvorräte getestet. Natürlich nur die teuren Sorten. Die billigen mochte er nicht. Später hat er lauthals gesungen: „Die Affen rasen durch den Wald." Wir konnten ihn nur mit Mühe davon abhalten, auf den Weihnachtsbaum zu klettern.

Dann die Geschenke. Tante Clementine hat einen übersteigerten Hang zu Kitsch. Wenn ich daran denke, wie glücklich sie ihre absoluten Scheußlichkeiten auspackt. Vor zwei Jahren war es eine Strickhülle für eine Keksdose. Was war es noch letztes Jahr? Ach ja, ein grünes Ferkel aus Speckstein, Tante Clementines ganzer Stolz. *„Selbst gemacht"*, strahlte sie uns an. „Ich wollte ja eigentlich eins kaufen. Habe ich im Geschenkeladen um die Ecke gefunden. Das hat gegrunzt, wenn man draufdrückte. Aber Ihr freut Euch ja immer so über was Selbstgemachtes." Wir mussten erst mal schlucken. Ich habe in der Küche heimlich einen Schnaps getrunken.

Onkel Rudi hat schon zu Hause mit dem Feiern angefangen. Als ich ihm die Tür öffne, fällt er mir um den Hals. „Hallejula, eh Hall ... Hallo Julia, alle miteinander". Onkel Rudi ist ziemlich schwer. Schnell verfrachte ich ihn auf den nächsten Stuhl. Doch da bleibt er nicht lange. Als er Onkel Friedrich sieht, wuchtet er sich hoch und wankt mit ausgebreiteten Armen auf ihn zu. „Hallo, alter Knabe. Herzlichen Glückwunsch zu Weihnachten." Tante Clementine setzt ihre vorwurfsvolle Miene auf und guckt Onkel Rudi böse an. So guckt sie immer, wenn jemand getrunken hat. Sie lehnt Alkohol ab. Nur Rotwein im Gänsebraten ist ok. Und von der Weincreme bleibt auch nichts übrig. Onkel Rudi fällt das aber nicht auf. Im Gegenteil: Er gibt ihr einen dicken Kuss auf die Nase, einen ziemlich nassen Kuss. Tante Clementine greift mit einem unüberhörbaren Seufzer sofort zu ihrem Taschentuch – selbstgenäht. Nachdem sie ihre Nase vom Rudi-Kuss befreit hat, faltet sie das Taschentuch sorgfältig wieder zusammen und steckt es mit einem unüberhörbaren „Tztztztztz" zurück in ihre Handtasche.

Und die Geschichten von Tante Gertrud, jedes Jahr dieselben. Aber immer verändert sich was. Ich bin schon ganz gespannt, was es dieses Mal sein wird. Natürlich würde Tante Gertrud das nie zugeben. Nächstes Jahr verpasse ich ihr heimlich ein Mikro und nehme alles auf. Das brenne ich dann auf CD, Titel „Gertruds Weihnachtsgefasel". Wenn ihr die CD gefällt, strickt Clementine bestimmt eine Hülle dafür.

Ach ja, so unterschiedlich unsere Verwandten auch sind – in einem Punkt sind sich alle einig:

Bei uns ist Weihnachten am schönsten.

Weihnachten mal ganz anders

Ich hatte dieses Jahr keine Lust auf Weihnachten. Jedenfalls nicht auf das übliche mit Tannenbaum, Schnee und Christmette. Es sollte mal ganz anders sein. Also buchte ich kurzerhand eine Reise in den Süden; genauer gesagt: nach Honolulu. (Honolulu – klingt doch ganz anders als Weihnachten.)

Während hier alles in den jährlichen Geschenkemarathon und Dekorationswahn verfiel, sah ich mich am Strand liegen, weit weg vom hektischen Weihnachtstrubel. Noch drei Wochen, 21 Tage. Ich strich jeden Tag im Kalender ab - fast wie beim Adventskalender. Und dann hieß es Urlaub.

22. Dezember: Erwartungsvoll stand ich am Flughafen Frankfurt und schaute auf die große Anzeigetafel. Da stand es: Flug LH 412 nach Hawaii, Abflug 18:45 h. War meine Uhr stehen geblieben? Kalt war mir auch. Außentemperatur 3° Grad.

Eine Stunde später saß ich im Flugzeug, Fensterplatz. Honolulu – ich komme. Jetzt hieß es erst mal: Geduld. Doch nach fast 20 Stunden mit Zwischenstopp in San Francisco landete der Flieger endlich - Ankunft Hawaii Airport 14:30 h.

Es war einen Tag vor Heiligabend.

Beim Aussteigen traf mich fast der Schlag. Hochsommer mit Winterpullover. Gott sei Dank war es nur einen Katzensprung bis zum Hotel. Jedenfalls laut Reiseprospekt. Die Katzen hier müssen riesig sein.

Kaum angekommen wollte ich zuerst aus diesem Pullover. Ich hatte fast das Gefühl, wir wären inzwischen zusammengewachsen. Außentemperatur 30° Grad. Zuhause würde ich jetzt Geschenke einpacken. Und für Tante Paula wäre mir wieder nichts eingefallen. Die sagte immer nur: „Kind, ich brauch nix." Dieses Jahr war es mir egal. Vom Pullover befreit sah ich mich im Zimmer um. Die Tür war mit einer künstlichen Tannengirlande dekoriert. Auf dem Tisch stand ein Rauschgoldengel.

Ich war ganz schön müde. Aber jetzt schlafen gehen? Lieber draußen am Pool sitzen, mit einem Cocktail in der Hand. Genau wie in der Werbung. Und das im Dezember. In der Hotelhalle hatte jemand ein großes rotnasiges Rentier mit Schlitten aufgebaut. Die Nase ging dauernd an – aus – an – aus. Dazu plärrte aus irgendeinem Lautsprecher *„Winter Wonderland"*. Die Dame an der Rezeption lächelte mich an.

Am Pool war es ziemlich voll. Zwei Mitarbeiter des Hotels stellten gerade eine künstliche Fichte auf. Dann verteilten sie doch tatsächlich Perlenketten und Engelshaar im Baum. Ein paar Hotelgäste halfen begeistert mit. Was sollte das denn? Sommer, Sonne, Swimmingpool, Weihnachtsbaum. Nein, nein, und nochmals nein. Ich fahr doch nicht nach Honolulu, um deutsche Weihnacht zu erleben. Am Strand war es sicher besser.

Da angekommen landete ich mitten in einer Weihnachtsfeier. Beach-Volleyball mit Tannenbaum. Außentemperatur 33 ° Grad. Ich suchte mir ein schattiges Plätzchen unter einer Palme, machte es mir im Sand bequem und steckte meine Nase in eins der Bücher, die in der Lobby zum Ausleihen gelegen hatten. Seltsames Buch. Was hatte ich denn da erwischt? „Alte Weihnachtsbräuche"...

Ach, nee... Lieber sah ich mir das Volleyballspiel an.

Irgendwie war es schon komisch. Ich dachte dauernd daran, wie die anderen jetzt zu Hause ihr Weihnachtsfest vorbereiteten. An dem Abend ging ich früh schlafen und träumte von Schnee.

Am nächsten Tag war Heiligabend. In der Hotelhalle begrüßte mich das Rentier mit dem unvermeidlichen *„Winter Wonderland"*. Nase an ... aus ... an ... aus. Die Dame an der Rezeption lächelte. Sie lächelte immer. *„MeleKalikimaka."* Frohe Weihnachten auf Hawaiianisch. Ich lächelte auch und legte schnell das Weihnachtsbuch zurück.

Heiligabend, genau der richtige Tag, um die Umgebung zu erkunden. Überall Souvenir-Läden – Kunst und Kitsch im Überfluss. Viel Nippes, aber auch traditionelles Kunsthandwerk, wie Schalen aus dunklem Koa-Holz oder Ketten aus Lavastein. Nicht zu vergessen die unvermeidlichen Hawaii-Hemden.

Der Reiseprospekt beschrieb das Haus des Bürgermeisters als einmalige Sehenswürdigkeit. Es lag mitten im Zentrum. Ein riesige künstliche Fichte war über und über behängt. Kugeln, Perlenschnüre, Engelshaar, Holzfiguren – möglichst viel und möglichst bunt. Davor standen Santa Claus und seine Frau. Alles mit Lichtern und Ornamenten verziert, wie das große Einkaufscenter zu Hause um die Ecke.

Tange Agathe fiel mir ein. Bei ihr wurde nicht dekoriert. „Geschmückt", sagte Tante Agathe immer, „zu Weihnachten wird die Wohnung geschmückt." Tannenzapfen, Nüsse und rote Äpfel versteckten sich in Bergen von Watteschnee. An langen Zweigen hingen kleine Glöckchen und überall brannten Kerzen. Es duftete nach Bratäpfeln und selbst gebackenen Plätzchen.

Aber Tante Agathe gab es nicht mehr. Stattdessen stand ich bei 33° Grad auf Honolulu vor einem bunten, sehr bunten Bürgermeisterweihnachtshaus. Für so einen Firlefanz hatte ich noch nie viel übrig und entschied mich deshalb lieber wieder für den Strand.

Auf dem Weg dahin hörte ich es immer wieder. *„MeleKalikimaka."* Und alle lachten, winkten sich zu und freuten sich. Die meisten trugen Shorts und T-Shirt und dazu Nikolausmützen auf dem Kopf. Es sah schon etwas kurios aus.

Am Strand spielten ein paar Hawaiianer auf ihrer Ukulele. Alles lachte, klatschte im Takt und drehte sich im Rhythmus der Musik. Irgendwie war es ansteckend. Und kurze Zeit später spielte ich Beach-Volleyball, klatschte zur Musik und tanzte bei 33° Grad den unverwechselbaren Hula. Wenn ich auch Santa Claus in Badehose genauso eigenartig fand wie den Weihnachtsbaum neben den Palmen – eins konnte ich nicht leugnen:

Dieses Jahr war Weihnachten anders.

Vorbereitung ist alles

Es geht los!

Der ganz normale Weihnachtswahnsinn hat uns wieder voll im Griff: Geschenkelisten ohne Ende, Lebensmittel für Völkerscharen, Weihnachtskarten kiloweise.

Wer schenkt was, und wer schenkt wem? Vom wem kriegen wir, und was? Kriegt der von uns oder nicht? Und wenn auch der uns was schenkt? Das macht der zwar nie, aber was, wenn doch?

Wirkt das konfus, oder kommt es Ihnen bekannt vor? Wir sind unter uns, also lassen Sie uns offen reden.

Es ist doch so, dass wir immer auf Nummer sicher gehen möchten. Also kaufen wir für jeden drei Geschenke:

1. Das Ich-bin-darauf-vorbereitet-Geschenk:

    Unverhofft kommt oft? Bei uns nicht.

2. Das Ich-bin-genauso-viel-Wert-Geschenk:

    Das eigene Geschenk weniger Wert? Geht gar nicht.

3. Das Ätsch-Geschenk:

    Ich aber kann es besser.

Beim Einpacken unbedingt beschriften – bevor was schief läuft.

Geschafft!

So vorbereitet stellen wir uns der nächsten Herausforderung: Dem Weihnachtsessen.

Mal überlegen: Wer kommt, und wie viel Hunger bringt er oder sie mit? Eltern, Schwiegereltern (lässt sich nicht vermeiden), Tante Berta und Onkel Egon.

Ich hör' Tante Berta schon: „Nur ein ganz klitzekleines Stückchen Buttercremetorte. Du weißt doch – meine Linie." Sie hat keine.

Und Onkel Egon? Der isst nicht, der frisst. Kostet ja nichts. Nächstes Jahr braucht er bestimmt einen stabileren Sessel. Vielleicht feiern wir dann besser bei ihm. Kann er doch mal alles einkaufen und kochen – und bezahlen.

Aber zurück zum Essen: Wie viele sind wir bis jetzt? Ach ja, 9 ½. Sie kommen auf was anderes? Mal zählen: Wir beide mit Eltern und Schwiegereltern sind 5. Hatte ich erwähnt, dass es nur noch eine Schwiegermutter gibt? **Nur noch** – eindeutig der schlimmere Teil. Tante Berta ist 1 ½ Personen und Onkel Egon? Rechnen Sie bitte selbst.

Am besten kaufen wir für 15 Leute. Dann kann sich die Nachbarin mal wieder Zucker oder Eier leihen. Tut sie gern. Will wahrscheinlich nur sehen, ob wir mehr Besuch bekommen als sie.

So, Listen sind fertig – Planung steht. Vorsichtshalber hole ich in der Apotheke Aspirin und Beruhigungstropfen. Man weiß ja nie.

Jetzt kommt das Schönste – die Weihnachtsdekoration.

Die Krippe stellen wir dieses Jahr nicht wieder unter den Baum. Tante Bertas heiß geliebter Mops (sie teilt alles mit ihm, auch das Aussehen) hat im letzten Jahr den Esel verschleppt. „Guck mal, wie süß er damit spielt." Der Esel ist seitdem verschwunden. Recht hat er.

Bestimmt überrascht uns Berta wieder mit einem selbst gehäkelten Engel. Er wird jedes Jahr kitschiger. Das letzte Mal war er rosa. Sogar der Mops wollte den nicht. Dabei hatte ich Leberwurst dran geschmiert.

Das Rentier aus Pappmaché musste als Ersatz für den Esel herhalten. Das hat der Mops nicht verschleppt. Ich glaube, er hatte mich durchschaut. Diesmal habe ich Mettwurst gekauft.

Irgendwann hat uns Tante Berta mit einem großen Nussknacker beglückt. Der war zwar gekauft, aber von ihr handbemalt. Gott sei Dank hatte sie von Rosa abgesehen. Blau mit weißen Blümchen ist auch viel dekorativer.

Das Räuchermännchen muss unbedingt auf den Tisch. Das qualmt wie ein Schlot. Onkel Egon kann es nicht leiden. Der Geruch verdirbt ihm den Genuss seiner Havanna. Noch schnell Räucherkegel auf den Einkaufszettel schreiben.

Aber Mistelzweige kommen mir nicht wieder ins Haus. Tante Berta ist immer ganz wild darauf. Ich hasse ihre Küsse.

Ach ja, endlich wieder eine große Familienfeier. Sagen Sie doch mal ehrlich: Gibt es etwas Schöneres?

Anmerkung der Redaktion: Ähnlichkeiten mit lebenden Personen sind rein zufällig.

Das Band für alle Fälle

Um das Gelingen des Weihnachtsfestes sicherzustellen, gibt es nichts Wichtigeres als Geschenkband. Kein anderes Band kann so viele Funktionen derart perfekt erfüllen. Überall wird es gebraucht – in der Küche zum Wickeln der Rouladen, im Kinderzimmer als Ersatz für gerissene Schnürsenkel oder ganz cool zum Hochbinden der Haare. Ein paar besonders Mutige legen es sogar als Abschleppseil ins Auto.

Das am häufigsten verwendete Band ist das *„crausavulgaris"*, im Volksmund auch das gemeine Kräuselband, absolut pflegeleicht und sehr lern- und anpassungsfähig. Vor dem Start in den alle Jahre wiederkehrenden Geschenkeeinpackwahn und Zweckentfremdungsmarathon bekommt das Band noch schnell eine Unterweisung im *„sich kräuseln"*. Es macht gute Miene zur bösen Schere und dreht völlig durch.

In erster Linie ist es dafür bestimmt, widerspenstiges Geschenkpapier zumindest für kurze Zeit mit dem Geschenk zu verbinden. Dadurch erspart sich der einpackwütige Weihnachtsteilnehmer eine Menge Klebeband. Das kann er stattdessen als weiteres Geschenk verwenden und die Zahl der kleinen Gaben für unerwartete Besucher erhöhen.

Nebenbei findet das Band Verwendung als Aufhänger von halterlosen und haltlosen Christbaumkugeln. Sollte auch dem Baum die Standfestigkeit fehlen, kann man ihn mit Hilfe einer Reißzwecke und farblich zu den Kugeln passendem Geschenkband an der Decke befestigen. Wer das Band noch kräuseln möchte – nur zu. Verfeinerungen erhöhen die dekorative Wirkung und lenken perfekt vom nicht gerade stehenden Baum ab.

Allerdings wird für diesen Einsatz eher die hochwertige Ausführung, Marke *„taeniapretiosa"* empfohlen. Sie ist etwas teurer, aber Qualität hat eben ihren Preis. Diese Variante eignet sich hervorragend zum Binden großer unübersehbarer Schleifen.

In diesem Jahr haben wir ganz extravagantes Geschenkband besorgt, *„gemmaluxuriata"*, aus weinroter Seide, mit eingewebten Sternen und Golddrahtkante. Das ist so außergewöhnlich, dass wir schon daran gedacht haben, die Nadeln vom Baum zu entfernen und die Zweige mit dem Band einzuwickeln. Sieht bestimmt sehr vornehm aus. Die Nadeln kochen wir in Wasser auf. Gesundheitsbäder mit Fichtennadel helfen gut gegen Frostbeulen und andere Winterprobleme.

Bevor wir den Baum entsorgen, muss das Band natürlich komplett abgewickelt und aufgebügelt werden. Dann können wir künftig Weihnachten ganz entspannt entgegen sehen. Wir haben ja das Band für alle Fälle.

Das Beste wird sein, wir verzichten auf das Einpacken der Geschenke und schenken nur noch praktisch – wir schenken Geschenkband.

XIII.
Barbara Klein

VIOLA

Ich bin schuld, denkt sie. Ich habe Schuld daran, schuldig, weil ich *ich* bin.

Mama sagt, „Nein mein Schatz, du bist nicht schuld. Es ist nicht deine Schuld."

Aber warum schaut sie so, wenn sie allein auf der Couch sitzt und wartet? Neben dem Weihnachtsbaum sitzt sie, ganz klein sieht sie daneben aus. Wenn es Abend wird, schaltet Mama die Lichter am Baum ein. Dann erstrahlt er hell und leuchtet und glänzt und ist es fast wie am Heiligen Abend, wenn alles schön ist.

Aber Mama strahlt nicht, ihr Lachen glänzt nicht, sie lacht überhaupt nicht. Schaut traurig, sicher wegen ihr, schaut sie traurig, weil sie nicht gut genug ist, nicht brav genug, nicht so wie sie sich *SIE* vorstellt, als Kind, als ihre Tochter, als ihr Fleisch und Blut. Mama wartet lang und geduldig. Sie sagt kein schlimmes Wort oder ist böse. Das beruhigt! Dies beruhigt sie und lässt sie hoffen, sie alle hoffen. Dass es heute einmal anders sein wird, anders als sonst immer, leiser, ruhiger, nicht so schlimm und weniger böse. Es ist doch Weihnachten und zu Weihnachten ist alles schön. Mama bekommt ganz große Augen. Sie muss genau hinschauen zu Mama. Ob Mama weint? Oft fragt sie sich, warum Mama weint. Weil sie alleine ist, oder weil es ihr so weh tut, alles weh, wenn das Böse wieder aufgehört hat, böse zu sein?

Mama hat irgendwie Schmerzen. Sie geht ganz krumm und hat manchmal oder oft blaue Flecken. Auch blutet sie aus Mund und Nase. Sie läuft dann immer und holt für Mama Taschentücher und ein feuchtes Handtuch. Das ist ein bisschen schwierig, weil sie nicht so schnell auf den Hocker im Bad steigen kann, um ans

Waschbecken zu gelangen. Nur nicht vergessen, den Wasserhahn wieder zuzudrehen. Da wird sie ausgeschimpft, von Papa. Und wenn Papa schimpft, wird es ganz schlimm, für alle, auch für Papa selbst. Sie hat dann immer Angst, dass Papa plötzlich tot wird, wenn er sich so aufregt und böse wird, ganz böse, auch zu Weihnachten, wo doch alles schön ist und nicht böse. Nur wegen ihr, böse.

Ich bin schuld, denkt sie. Ich habe Schuld daran, schuldig, weil ich *ich* bin.

Wenn Papa da ist, sagt Mama nicht, „Nein mein Schatz, du bist nicht schuld. Es ist nicht deine Schuld."

Da ist Mama still und atmet ganz leise. Mama will sich sicher unsichtbar machen für Papa, genauso wie sie. Sie traut sich auch nicht zu atmen und Papa anzuschauen. Dann sagt er immer, sie soll ihn nicht so anstarren. Das nervt ihn, sie soll weggehen, verschwinden sagt er, das versteht sie nicht und Mama sagt, Papa meint das nicht so, er ist nur müde und gestresst. Das versteht sie auch nicht, aber wenn Papa dadurch aufhört zu schimpfen und böse zu sein, ist es gut. Dann kann sie ruhig schlafen und geht auch gerne ins Bett, wie es sich für eine folgsame Tochter gehört. Wenn sie aber wieder aufwacht, weil Papa so schreit und tobt und poltert und Mama so laut weint, geht das Schlafen nicht mehr. Dann muss sie aus ihrem Bettchen steigen und nachschauen gehen, was der Grund für das Böse ist.

Ich bin schuld, denkt sie. Ich habe Schuld daran, schuldig, weil ich *ich* bin.

Mama kann dann leider wieder nicht sagen, „Nein, mein Schatz, du bist nicht schuld. Es ist nicht deine Schuld."

Weil Papa so böse zu Mama ist, dass Mama wieder aus Mund und Nase blutet. Das versteht sie nicht, es ist doch Weihnachten, wo alles schön ist. Sie traut sich auch nicht, das Handtuch zu holen, weil Papa noch da ist. Dabei ist sie so müde, so erschöpft. Aber Mama, arme Mama, und das alles nur wegen ihr. Weil sie so ein ungehorsames Kind ist. Ein schlimmes Kind sagt Papa, wenn er Mama wieder ...

Barbara Klein 04/2017

XIV.

Beate Kunisch

Advent, Advent, ein Engel brennt

Erster Advent

10:15 Uhr, sie entzündet die erste Kerze an dem Adventskranz. Wie jedes Jahr ist er selbstgemacht, klassisch, mit Tannen- und Buchsbaumzweigen und roten, massiven Kerzen. Sie bereitet das Frühstück vor. Eine halbe Stunde später kommt Klaus dazu, ihr Mann, im Bademantel. Sie frühstücken zusammen.

„Irgendetwas stimmt hier nicht." Ihre innere Stimme meldet sich. Sie ignoriert es, holt die Tageszeitung vom Vortag, blättert und liest.

„Irgendetwas stimmt hier nicht." Die Stimme wird zum Ohrwurm. Sie blickt von der Tageszeitung auf und schaut ihren Mann an. Der kaut gerade sein Schinkenbrötchen und spielt auf seinem Handy. Sie schaut aus dem Fenster. Schmutzige Schneehaufen am Straßenrand, die Nachbarin kommt gerade mit ihrem Neufundländer daher.

Zweiter Advent

10:15 Uhr, sie entzündet die zweite Kerze an dem selbstgemachten Adventskranz aus Tannen- und Buchsbaumzweigen und roten, massiven Kerzen. Sie bereitet das Frühstück vor. Das Telefon klingelt. Ihre beste Freundin spricht schnell und aufgeregt. „Ich habe lange überlegt, ob ich dich anrufen soll. Aber ich glaube, es ist besser so. Auch, wenn es der zweite Advent ist. Setz dich besser hin."

Sie setzt sich auf den Stuhl, die Kaffeemaschine gluckst. „Dein Mann geht fremd, ich bin mir jetzt ganz sicher. Ich muss es dir sagen, es hilft nichts mehr. Ich habe ihn vorige Woche selbst gesehen, und … ach, alle wissen es, nur du nicht. Es tut mir so leid. Du musst mit ihm reden. Sofort" Sie sagt nichts. Es sind keine Worte da.

Dritter Advent

10:15 Uhr, sie entzündet die dritte Kerze an dem selbstgemachten Adventskranz aus Tannen- und Buchsbaumzweigen und roten, massiven Kerzen. Sie bereitet das Frühstück vor. Dann setzt sie sich und trinkt einen Kaffee. Ihr Mann wird ausziehen, er hat alles zugegeben, seit einem Jahr ist er mit einer anderen Frau zusammen. Es ist alles so unwirklich. Sie weint.

Vierter Advent

10:15 Uhr, sie entzündet die vierte Kerze an dem selbstgemachten Adventskranz aus Tannen- und Buchsbaumzweigen und roten, massiven Kerzen. Sie bereitet das Frühstück vor. Sie trinkt einen Kaffee und isst ein Toast. Sie hat Kontakt zu einem Rechtsanwalt aufgenommen. Wie soll es weitergehen? Sie weint.

Heiligabend

18:00 Uhr, der Gottesdient beginnt. Sie sitzt bewegungslos auf der Bank. Am Ende werden die kleinen Stabkerzen entzündet, die jeder zusammen mit einer weißen Serviette am Eingang bekommen hat. Sie hält ihre Kerze, das Ende in der Serviette eingewickelt, fest in der rechten Hand und liest den Liedtext zu dem Abschlusslied. *Oh du fröhliche*, sie singt nicht mit. Sie schaut auf den Altar. Plötzlich merkt sie, dass die Serviette Feuer gefangen hat. Sie pustet sofort auf die Serviette und auf die Kerze, aber dadurch wird die Glut nur größer. Sie pustet heftiger, aber die Flamme an der Serviette wird nur noch mehr entfacht. Sie rennt mit der brennenden Serviette zum Eingang, dort steht der Presbyter und geistesgegenwärtig schlägt er mit einem Stuhlkissen die Kerze samt Tuch auf den Boden und löscht mit dem Kissen die Flamme. Zum Glück ist nichts passiert. Nur der Schreck. Sie sieht ihn an. Dunkelbraune Augen, ein Lächeln. „Frohe Weihnachten! Ohne Feuer!" Sie lächelt zaghaft zurück, geht aus der Kirche und atmet die klare, kühle Abendluft ein. Sie schaut auf ihre Finger und knibbelt drei kleine, weiße Wachsflecken ab. Irgendwie fühlt sie sich gestärkt und weiß, dass es gut werden wird. Egal, wie es weitergeht.

Das Weihnachtsessen (eine Erzählung von Herrn P.)

Super! Wir hatten noch Sitzplätze gefunden! Zwar in der letzten Reihe, am linken Rand, aber egal. Hauptsache, nicht die ganze Zeit stehen zu müssen. Ich atmete tief ein. Jetzt zur Ruhe kommen. Nach dem Stress in der Firma die vielen Tage zuvor.

Als die Orgelmusik einsetzte, verstummte das allgemeine Gemurmel. Ich hatte mir das Programmblatt genommen und studierte gerade den Ablauf der heutigen Andacht. Während die Orgel spielte, bemerkte ich, wie sich jemand von hinten näherte. Neben mir war noch ein schmaler Platz frei, wenn er auch direkt vor einer der vier wuchtigen Steinsäulen war. Es war ein junger Mann, er kam von links, schwang sich einfach über die Holzbank und setzte sich leise seufzend neben mich. Wie unkonventionell! Ich musste innerlich lächeln, und unwillkürlich dachte ich an meine Jugendzeit.

Mittlerweile sprach der Pastor die Eingangsworte, er freute sich, dass die Kirche so voll war. Dann wurde gesungen: Alle Jahre wieder. Ich hatte das Programmpapier noch immer in der Hand, ich sang mit. Der junge Mann neben mir blickte stumm nach unten. Verstohlen wanderten meine Augen nach links, unmerklich bewegte ich meinen Kopf. Er war schmal, hatte blonde, spärliche Haare, unreine Haut und trug Jeans und einen Parka, erkennbar oft getragen und meine Frau würde sagen waschfällig. Plötzlich bemerkte ich einen merkwürdigen Geruch, der von ihm ausging. Es war ein Gemisch aus Zigarettenrauch, altem Schweiß und irgendetwas Undefinierbarem.

Als die Kinder das Krippenspiel aufführten, seufzte mein Nachbar mehrmals und schüttelte den Kopf. Was hatte er denn? War er krank? Deshalb vielleicht auch dieser eigenartige Mief. Offensichtlich war er auch allein unterwegs. Ich sah nach rechts zu meiner Familie, sie hatten anscheinend nichts bemerkt.

Ich meinte, etwas sagen zu müssen und flüsterte dem jungen Mann zu: „Geht es Ihnen gut?" Woraufhin er antwortete: „Nein, mir geht's beschissen." Was sollte ich darauf wohl sagen? Besser nichts, ich schaute wieder geradeaus. Aber irgendwie konnte ich mich nicht mehr auf den Gottesdienst konzentrieren. Neugierig blickte ich wieder nach links, da drehte er auch seinen Kopf in meine Richtung und sah mich direkt an. Braune, wache Augen, etwas Bartflaum, insgesamt blass. „Ich will nur zu dem Pastor", sagte er. „Vielleicht hat er was für mich." Ich verstand. Hier saß wohl ein jugendlicher Obdachloser neben mir. Vielleicht ein Drogenabhängiger.

Die Andacht ging weiter, nach dem Krippenspiel wurden weitere Lieder gesungen, und der Pastor hielt die Predigt. Mein linker Nachbar stöhnte noch ein paar Mal vor sich hin, offensichtlich konnte er das Ende des Gottesdienstes kaum abwarten. Schließlich wurde das Abschlusslied angestimmt. Man stand auf. „Oh du Fröhliche", brodelte es in der Kirche von hunderten Stimmen, und ich schmetterte mit. Auch der Mann war aufgestanden, seine Ausdünstungen rochen so stark, dass ich ein paar Mal die Luft anhalten musste.

Als der Gottesdienst vorbei war, läuteten die Glocken, die Menschen strömten aus der Kirche hinaus. Ich war auch aufgestanden und wartete, bis ich auch aus der Bankreihe hinausgehen konnte. Ich schaute den jungen Mann an und sagte „Frohe Weihnachten und alles Gute!" Er sah mich nur an und sagte nichts.

Als ich draußen war, atmete ich die kühle, frische Luft ein. Ich konnte nicht mit meiner Familie einfach so nach Hause fahren. Ich dachte immerzu an den Mann, er war noch so jung. Ich musste noch mal in die Kirche zurückgehen. „Wartet mal eben", rief ich meiner Frau und den Kindern zu. Ich beeilte mich, entgegen dem Menschenstrom wieder in die Kirche zu kommen. Sollte ich ihm

Geld geben? Nein! Was wollte ich denn? Ich kannte ihn doch gar nicht.

Da, er saß nicht mehr in der letzten Reihe. Mein Blick wanderte schnell durch den ganzen Kirchenraum. Vorne sah ich ihn, er wartete auf den Pastor, der gerade im Gespräch mit einer älteren Dame war. Ich ging geradewegs auf ihn zu. „Haben Sie heute Abend schon etwas vor?", fragte ich ihn. Was sage ich denn da, dachte ich bei mir. Er lachte und schüttelte den Kopf. „Möchten Sie vielleicht einfach zu uns kommen und zusammen mit uns etwas essen? Heute ist Heiligabend." Hörte ich mich reden. Oh je, was würde meine Familie wohl dazu sagen, wenn dieser Mann mit uns essen sollte? Der Mann sah mich nur an, seine Augen wurden ungläubig groß. „Ja", sagte er nur und lächelte.

Das ist nun über fünf Jahre her. Der junge Mann, damals wirklich obdachlos, kam an diesem Heiligabend zu uns nach Hause und hat – nach einem ausgiebigen Bad - mit uns gefeiert. Das war eins der schönsten Weihnachtsfeste, und ich habe mittlerweile über 50 davon hinter mir. Seit diesem Jahr wurde zusammen mit dem Pastor jährlich am Heiligabend ein großes, gemeinsames Weihnachtsessen an Heiligabend organisiert, zu dem Bedürftige kommen können. Jedes Mal war und ist es eine großartige Erfahrung.

Freu(n)dentränen

Jetzt war er da, der Heilige Abend. Es war fünf Uhr nachmittags, Erna saß im Wohnzimmer und der Fernseher lief. Sie griff zum Telefon.

„Herta, ich bin so unentschlossen. Ich kann mich nicht dazu aufraffen, zu dir zu kommen. Mir geht's wirklich schlecht."

Herta hatte sie eingeladen, den Heiligabend bei ihr zu verbringen. Erna und Herta waren seit gut vierzig Jahren befreundet, sie hatten Höhen und Tiefen ihres Lebens geteilt. Hertas Ehemann war vor vier Jahren gestorben.

„Ich weiß, wie das ist, Erna. Tu mir einen Gefallen, hör auf mich, komm einfach gleich zu mir. Ist doch auch nicht weit. Du ziehst dir was Nettes an, das ist wichtig, hörst du? Dann nimmst du dir ein Taxi und kommst. Ich verspreche dir, du wirst es nicht bereuen."

„Ich weiß nicht. Es ist das erste Weihnachtsfest ohne Helmut. Ich überlege noch. Sei nicht böse, wenn ich nicht komme, ja?"

„Erna, wir wollen um sieben essen. Du bist fest eingeplant. Wenn du bis halb sieben nicht hier bist, schick ich dir ein Taxi zu. Ich mach das, verstehst du? Ist nur zu deinem besten. So, jetzt grübel noch zehn Minuten rum und dann mach dich langsam fertig. Inge kommt auch. Ich leg jetzt auf, wir sehen uns gleich. Und bring noch eine Flasche Wein mit, wenn du hast." Herta legte auf.

Erna hielt den Hörer weiter in der Hand, auch wenn niemand mehr dran war. Sie ließ die Hand sinken. Die Wassertropfen prasselten gegen die Fensterscheiben, Schneeregen. Dann klingelte das Telefon. Sie hatte den Hörer immer noch in der Hand.

„Es ist da, Erna, das Baby ist da! Es ist ein Junge. Wir können uns immer noch nicht für einen Namen entscheiden. Machen wir morgen. Erna?"

„Wie schön, ich freu mich so für euch." Erna meinte es ehrlich.

„Wir telefonieren morgen wieder, grüß alle, und mach das Beste aus dem Abend. Ich muss noch ein paar Leute anrufen. Frohe Weihnachten! Bis bald!" Ernas Schwiegersohn legte auf.

Wieder sank Ernas Arm wie ein schwerer Eisenstab herab. Ein Junge. Am Heiligabend Geburtstag zu haben, wird ihm später wohl nicht gut gefallen. Vielleicht würde sie nächstes Jahr mal wieder ihre Tochter in Amerika besuchen.

Und jetzt? Nein, nicht zu Herta. Alle würden fröhlich sein, ihre Stimmung nicht verstehen und vor allem an einem solchen Tag auch nicht haben wollen. Nein, das konnte sie nicht zumuten. Im Fernsehen lief *„die Feuerzangenbowle"* mit Heinz Rühmann.

Voriges Jahr hatten sie noch gemeinsam hier gesessen. Helmut. Er hatte abgenommen, nach der Chemotherapie hatte er keine Haare mehr auf dem Kopf. Sie hatten einfach nur da gesessen, Hand in Hand. Sie waren so lange verheiratet.

Bei der Beerdigung hatte sie nicht geweint. Er hatte ihr Mut gegeben. „Du musst mutiger werden", hatte er zu ihr gesagt, als sie sich kennenlernten. „Ich heiße Helmut. Das passt doch gut, oder?", hatte er gelacht. Erna lächelte, den Fernsehfilm nahm sie gar nicht mehr wahr. Sie war müde.

Von der Türklingel wurde sie wach. Sie fuhr hoch, sie war im Sessel eingeschlafen, im Fernsehen lief Werbung, sie ging zur Tür und drückte den Knopf: „Ja bitte?"

„Ihr Taxi ist da." Erna sah auf die Uhr, viertel vor sieben. Sie überlegte nicht lange.

„Warten Sie bitte im Wagen, ich komme in ein paar Minuten." Sie ließ den Sprechknopf los und ging ins Schlafzimmer. Noch etwas benommen zog sie sich um. Der schwarze Rock, die Seidenbluse, die schwarze Strickjacke, noch eine Flasche Rotwein mitgenommen, nach ein paar Minuten verließ Erna die Wohnung und fuhr mit dem Taxi zu Herta.

Sie hatte kein Geschenk, das war egal. Herta freute sich, Inge war schon da. Sie war ebenfalls Witwe, seit zwei Jahren.

Sie aßen Kartoffelsalat mit Würstchen, tranken Wein und gingen nachts in die Christmette. Danach saßen sie noch lange an Hertas altem, hölzernen, mit unendlich vielen Macken versehenen Küchentisch.

Inge war die erste, die weinte. Einfach so, die Tränen flossen nur so wie der Wein, den sie tranken. Herta nahm ihre Hand und einen weiteren Schluck Rotwein. Dann presste sie ihre Lippen zusammen und weinte auch. Leise. Erna schluckte. Nein, sie weinte nicht, sie wollte nicht, sie sah nach unten und sagte: „Wie gut, dass wir uns haben."

„Ja, gut, dass wir uns haben", wiederholte Herta. Jetzt weinte auch Erna. Trauer oder Freude? Beides? Alle drei saßen da mit verweintem Gesicht, sie sahen sich an und plötzlich hörten sie auf zu weinen. Sie lachten. Viel zu laut, viel zu lang, aber auch das spielte keine Rolle.

Stille Nacht

„Ich war auf dem Weg zu meinen Eltern. Mein Freund James hatte mir seinen Wagen geliehen, meiner war schon seit Tagen in der Werkstatt. Ich war viel zu spät dran. Ich fuhr schnell. Es hatte geschneit, es war kalt und dunkel, eine sehr anstrengende Fahrt. Am Tag zuvor hatte ich noch alle Geschenke besorgt. Meine Mutter freute sich sehr, mich nach so langer Zeit wieder zu sehen. Wir haben noch vereinbart, dieses Jahr keine Geschenke auszutauschen. Aber als ob ich nichts mitbringen würde. Zu Weihnachten. Meine Brüder hätten das bestimmt verstanden, aber so, egal, ich hatte auf jeden Fall für jeden etwas dabei. Soweit war ich gut vorbereitet, aber das Aufladekabel von meinem mobilen Telefon konnte ich nirgendwo finden.

Es war eine anstrengende Fahrt. Auf dem letzten Stück Landstraße, immerhin noch rund 70 Meilen zu fahren, fing es plötzlich an zu schneien. Die weißen, dicken Flocken peitschten waagerecht gegen die Windschutzscheibe, ansonsten war es stockdunkel, ab und zu blendeten die Scheinwerfer von der Gegenfahrbahn. Auf einmal stockte der Motor. Okay, der Wagen meines Freundes ist schon alt, aber bisher fuhr er einwandfrei!

Ich trat auf das Gaspedal, aber der Motor reagierte nicht, das Auto wurde immer langsamer. Ich machte die Warnblinkanlage an und versuchte, die Straße zu verlassen, der Wagen rollte an den Rand und blieb stehen. Der Motor lief noch, aber ich konnte auf das Gaspedal treten, wie ich wollte, es tat sich nichts mehr. Ich machte den Motor aus. Ruhe bewahren! Ich sah auf die Uhr. 19:30 Uhr. Um 20:00 Uhr sollte ich da sein. Was tun? Mein Telefonakku war leer. Ich blieb erst einmal im Wagen sitzen, bis auf das regelmäßige Ticken der Warnblinkanlage hörte ich nichts. Die Windschutzscheibe war nach einiger Zeit voller Schnee. Schließlich entschied ich mich, auszusteigen. Ich zog meine Jacke an und holte den

Schirm, der immer hinten im Auto lag, heraus. Ich schloss den Wagen ab, ließ die Warnblinkanlage an und ging los.

Langsam gewöhnten sich meine Augen an die Dunkelheit, aber ich sah lange Zeit nichts, was in meiner Lage irgendwie geholfen hätte. Fröstelnd stapfte ich durch den Schnee. Da kam plötzlich von hinten ein Auto. Endlich! Ich drehte mich um, mit einer Hand hielt ich den geöffneten Schirm hoch und mit der anderen fuchtelte ich wild hin und her. Dann rief ich auch noch irgendwas wie Hilfe oder Hallo, ich weiß es nicht mehr. Aber zu meinem Entsetzen hielt der Wagen nicht an, er fuhr einfach weiter. Doch dann, nach ein paar Metern, blieb er doch rechts am Rand stehen. Ich ging schneller auf das Auto zu und ich weiß noch, wie ich an der Beifahrerseite hineinsah, aber in dem Wagen war niemand. Plötzlich fühlte ich einen schweren, dumpfen Schmerz an meinem Kopf und mir wurde schwarz vor Augen. Ja, und als ich aufwachte, war ich hier." Überrascht ertastet Sam seinen Kopfverband und verzog schmerzverzehrt das Gesicht.

„Ja, und dann? Wie sind Sie denn hier hergekommen?"

„Ab da weiß ich nichts mehr. Ein Mann hat mich wohl gefunden. Das Auto meines Freundes war weg. Ich habe keine Ahnung, was da genau passiert ist. Das Auto war ja liegengeblieben, ob es abgeschleppt wurde, ich weiß es nicht. Der Mann, der mich gefunden hat, fuhr auch die Straße entlang und sah mich am Fahrbahnrand im Schnee liegen. Da hat er einen Krankenwagen gerufen und ich bin dann hier in die Klinik gekommen."

„Vielen Dank, das reicht für heute. Wir werden der Sache nachgehen." Der Polizist verabschiedete sich und ging.

Sam legte sich zurück auf das Bett und schloss die Augen. Er war erschöpft. Eine Gehirnerschütterung hatte er gehabt. Was hatte das alles zu bedeuten? Hatte man es vielleicht auf seinen Freund abgesehen? Er verstand das alles nicht und möchte einfach nur ausruhen.

Nach zwei Tagen fragte der Mann, der ihn gefunden hatte, nach seinem Befinden. Sein Freund James meldete sich bei ihm, völlig entsetzt über das Geschehen. Auch seine Eltern und seine Geschwister besuchen ihn im Krankenhaus. Allmählich ging es Sam besser, der Verband wurde entfernt und der Arzt teilte ihm mit, dass er nur noch wenige Tage in der Klinik bleiben muss.

Am Tag seiner Entlassung kam noch einmal der Polizist vorbei, der ihn befragt hatte. „Wir haben das Auto gefunden, ca. 150 Meilen von hier entfernt. Und es waren Drogen unter dem Beifahrersitz. Wussten Sie davon?"

„Wie bitte?" Sams Augen waren weit aufgerissen.

„Wir vermuten, dass noch viel mehr Drogen in dem Wagen versteckt waren und dass der Täter es darauf abgesehen hatte. Sie haben noch einmal Glück gehabt. Da gibt es ganz andere Fälle. Wie gut kennen Sie denn ihren Freund, der Ihnen das Auto geliehen hat?"

„Das ist ein alter Schulfreund von mir." Sam schüttelt langsam seinen Kopf. „Ich habe ihn in einem Restaurant getroffen, wir haben uns unterhalten. Als ich ihm sagte, dass ich an Weihnachten nach Hause fahren wollte, mein Wagen jedoch wahrscheinlich in die Werkstatt muss, hat er sofort angeboten, dass ich sein Auto nehmen könnte, da er zu Hause bliebe. Er ist mit Sicherheit kein Drogendealer!"

Sam wohnte zunächst bei seinen Eltern. Nach ein paar Tagen nahm er Kontakt zu James auf. Die Polizei hatte ihn bereits befragt, er konnte sich die Vorkommnisse überhaupt nicht erklären und wurde vorläufig von der Polizei festgehalten. Schließlich wurde auch seine Freundin befragt.

Wie sich herausstellte, handelte es sich bei dem Täter um den Exfreund der Freundin von James. Diese hatte die Drogen nicht nur unter dem Beifahrersitz des Autos versteckt, sondern ihr Exfreund hatte es darauf abgesehen. Die beiden haben unter einer Decke gesteckt. James hatte von all dem keine Ahnung, und Sam, ebenfalls unwissend, ist noch einmal mit dem Leben davongekommen. Der Täter wurde umgehend verhaftet und seine Exfreundin als Mittäterin ebenfalls.

Weihnachtszeit

Wenn ich die Dunkelheit durchschreite
Klirrende Kälte an Wangen nagt
Naht unaufhaltsam die weltweite
Weihnachtszeit, vielfach besagt

Der Tannenbaum, der Kerzenschein
Der Plätzchenduft, die Weihnachtslieder
Genau genommen find ich mich
In Wiederholungen wieder

Erinnerungen werden wach
Traditionen leben auf
Gefühlsfelder liegen brach
Melancholiemomente zuhauf

Doch dennoch tut es wahrhaft gut
Trotz aller Sentimentalitäten
Die wärmende Geborgenheitsglut
Die Auszeitmodalitäten

Und der gemeinsame Kirchgang

Das rituale Weihnachtsfest

Weißt du noch, wie Mutter sang

Heute im Gedankenrest

XV.
Karl Mittlinger

Ein Lichterteppich

Mit dem Programm Google-Earth
und einer Zeitmaschine zoomt einer
der nicht müde wird
auch die andere Seite einer Münze zu betrachten,
auf Palästina
in den 30er-Jahren unserer Zeitrechnung

Ein Mann wandert von Nazaret an den See Genesaret
Er trifft in Magdala am Ausgang des Taubentales
Mirjam die kluge Frau
Sie begleitet ihn nach Kapernaum
Und nach und nach einzeln und in kleinen Gruppen
schließen sich ihnen Fischer und Zöllner Arbeitslose,
begüterte Frauen und Prostituierten

Wie aus dem Nichts ist er erschienen
herausgetreten aus dem Schatten,
des glutäugigen Untergangspropheten Jochanan

Es ist besser sagt er

den Kopf hinzuhalten als Schläge auszuteilen

Es ist besser

arm zu sein als an seiner Gier zu ersticken

Es ist besser

barmherzig zu sein

als den Nachbarn in den Schuldturm zu stecken

Der Mann bleibt stehen

um mit einem Bettler zu reden

Er grüßt Blinde schon von weitem,

damit sie wissen mit wem sie es zu tun haben

Für die Aussätzigen hat er ein Brot in der Tasche

Der Mann ist ein Wanderprediger

Merkwürdiges gibt er von sich

Er redet vom Ausreißen des Auges,

bevor es zum Ärgernis verleitet

Man solle die Toten ihre Toten begraben lassen

Dem Kaiser geben was des Kaisers ist

Er redet vom Ernstnehmen des Gesetzes

und vom Übertreten, wenn es den Menschen knechtet

von Feindesliebe und vom Hinhalten der Wange

Den Tempelpriestern traut er nicht
Sie schauen nur auf den Spendeneingang
sagt er
Die blutigen Opfer seien dem Gott ein Gräuel
Der Gott wolle Barmherzigkeit und nicht Opfer

Du schaffst es sagt er zu einem,
der nicht mehr aus und ein weiß
Schau auf lass den Kopf nicht hängen zu einer,
die blind in ihr Verderben rennt
Steh auf du Faulpelz sei nicht so wehleidig
– oder so ähnlich halt

Die Leute rennen ihm nach
treten ihm die Türen ein

Wie der einen anschaut
Unerhört wie der redet
Endlich einer,
der es den Großkopferten hineinsagt

Einer der uns versteht

Einer der uns ernst nimmt

Ein Heros geht durch das Land

meinen Griechen

Ein Prophet Elias ist wiedergekommen

Das ist endlich der Messias,

der die Römer verjagen wird,

so reden Juden

Hosanna dem Sohne Davids jubeln sie

Dann aber geht es ihm an den Kragen

Die Priester hetzen die Römer auf

und diese machen kurzen Prozess

Ans Kreuz mit ihm,

foltern hämmern stechen ihm die Seele aus dem Leib

und in die Grube werfen ihn die Henkersknechte

Von Fieberschauern geschüttelt

verlassen die letzten Getreuen den Galgenberg

Erscheinungen, Halluzinationen, Träume

Jeder erlebt was anderes

Vierzig Tage dauert das Außer-sich-sein

Es darf einfach nicht das Ende gewesen sein

Eine spricht es aus: Er lebt

Ich hab ihn gesehen: Er lebt

Die Gerüchtewelle schwappt über

Doch dann hören die Visionen auf

Aber der Infektionsherd sitzt tief drinnen

glühende Schauer Herzrasen

Jedes Wort wird lebendig

Weißt du noch?

Erinnerst du dich?

Die Blinden

Die Tochter des Jairus

Der Sklave des Hauptmanns

Zachäus

Wie ein Vater ist der Gott

Erinnerst du dich?

Er hat ihn als seinen Papa bezeichnet

Die Liebe überwindet das Böse

Gott ist die Liebe

Drauf einigen sie sich

als Kurzformel für ihre Predigten

Überall im Land sind sie unterwegs

Es werden immer mehr

Die ganze Welt überfluten sie

Ein Strahlen ging von ihm aus

Ein Leuchten

Die Frauen,

die Sklaven,

die kleinen Leute tragen

diese unerhörten Gedanken

weiter

Und es hörte nicht auf

Der Mann wurde nicht vergessen

im Gegenteil:

Man hat ihn in den Himmel erhoben,

an die Seite des Gottes gesetzt

Mehr konnte man wirklich nicht tun

Weil sie spürten,

worauf es ankommt

An ihm ist den Leuten der Knopf aufgegangen

Urplötzlich wussten sie,

es ist das Herz

und nicht der Verstand

Mit dem Herzen muss man schauen

Vom Zoom geht er in die Totale des Jetzt

Aus der Traum

schau dir die Welt an

was haben sie aus den Anliegen

des Wanderpredigers gemacht

Wo du hinschaust,

die Kirchengeschichte ein Albtraum

Die Welt versinkt im Chaos

überall

Korruption, Betrug, Mobbing

Oder muss der Blick doch noch einmal gewendet

und müssen die einzelnen ins Visier genommen werden?

Hat sich nicht ein Lichterteppich über die Welt gebreitet

Schau in die Palliativstationen

Schau an die pflegenden Angehörigen

Die freiwilligen Helferinnen die Sprachkurse geben

Die verachteten Gutmenschen,

die spüren worauf es ankommt

Die kritischen Frauen und Männer,

die auf gerechte Sprache achten

Die sich um Nachhaltigkeit bemühen

Den Klimawandel bedenken

Die Welt von morgen im Auge haben

Schau sie alle an

Die schwarze Pädagogik ablehnen

Die Rassismus und Fremdenfeindlichkeit anprangern

Die Kranke besuchen und Trauernde trösten

Die mitleiden und solidarisch sind

Schau hin

Die Welt ist nachweislich

besser

gewaltfreier

humaner geworden

Sag an,

was meinst du

steckt da nicht auch der Mann aus Nazaret dahinter

Und dazu muss man nicht an Gott glauben

Ja!

Dazu muss man gar nicht an Gott glauben

Nachdenklich schließt er Google Earth

Der Lichterteppich geht ihm nicht aus dem Sinn

XVI.
Karl Plepelits

O Jubel, o Freud

Als ich noch ein holder Knabe im lockigen Haar oder, in heutigem Neudeutsch, ein *„Babyface"* war (aber das ist unendlich lange her), vergnügte ich mich am Abend des 5. Dezember damit, Sankt Nikolaus zu spielen. Ausgerüstet mit Bischofsmütze, Bischofsstab und einem Sack voller Früchte und Süßigkeiten und begleitet von mehreren furchterregend kostümierten Krampussen, besuchte ich Familien mit kleinen Kindern. Darunter war die eines heimlich von mir verehrten Mädchens. Es hieß Eva, war über alle Maßen schön und ging in eine Parallelklasse meiner Schule.

Nachdem ich also ihr Brüderchen mit Geschenken und mit salbungsvollen Worten und sie selbst mit sehnsuchtsvollen Blicken bedacht hatte, gerieten wir, wieder auf der Straße, unverhofft in eine höchst unangenehme Situation. Eine Horde wilder Teufel trieb auf der Straße ihr Unwesen. Nicht einmal einen Nikolaus hatten sie bei sich. Kaum hatten sie uns erblickt, wurden sie auch schon aggressiv und verfolgten uns bis in den nahen, tief verschneiten Stadtpark. Und dort entbrannte eine heiße Schlacht zwischen den beiden höllischen Heerscharen. Ich selber konnte nur erschüttert zuschauen, wie sie gleich wild gewordenen Steinzeitkriegern mit ihren Ruten aufeinander losgingen.

Plötzlich fiel mir ein, dass ich ja in meinen Händen eine regelrechte Wunderwaffe hielt. Also stürzte ich mich, meinen Bischofsstab schwingend, mitten ins Kampfgetümmel. Und sogleich ging einer der feindlichen Teufel unter jammervollem Stöhnen zu Boden. Ja, aber seine Kumpane entrissen mir meine Wunderwaffe und begannen mit ihr auf uns einzudreschen. Meine eigenen Teufel konnten sie auf diese Weise zwar nicht zur Strecke bringen. Die nahmen nämlich wie (angeblich) die Dämonen bei einer Geisterbeschwörung augenblicklich Reißaus. Zur Strecke brachten sie nur mich selbst. Ich spürte einen dumpfen Schlag am Hinterkopf, mir wurde schwarz vor den Augen, und mir schwanden die Sinne.

Als ich wieder zu mir kam, dachte ich als Erstes, mir zerspringt der Schädel; so heftig schmerzte mich der Kopf. Gleichzeitig erschrak ich heftig über einen Entsetzensschrei aus weiblicher Kehle. Ich schlug die Augen auf und erkannte zu meiner Überraschung, zu meinem Entzücken, dass Eva über mich gebeugt war. Eva! Fast hätte ich aufgejubelt. Aber sie machte ein Gesicht, als erlebte sie gerade den Weltuntergang. Das erheiterte mich so sehr, dass ich trotz allem kichern musste.

„Du lachst?", sagte sie mit besorgter Stimme. „Also ist so weit alles in Ordnung?"

„Aber ja", brummte ich mit Todesverachtung, indem ich mich zu einer knienden Position aufrappelte. „Nur, was machst du da?"

„Du, ich habe das schauderhafte Gebrüll auf der Straße gehört. Und da habe ich mir gleich gedacht, euch geht's an den Kragen. Ich habe mich eilig angezogen und bin hinausgerannt, euch nach. Kannst du aufstehen?"

„Aber sicher", brummte ich weiter. Und es gelang sogar, wenn auch nicht ohne Evas tatkräftige Hilfe. Hierauf erinnerte ich mich an meinen Bischofsstab und den Sack mit den Geschenken und begann die ganze Umgebung danach abzusuchen. Den Sack fand ich ganz in der Nähe, ebenso, nicht ohne Wehmut, meine schöne Bischofsmütze aus Pappe und Papier, freilich schwer ramponiert. Und ich dankte ihr im Stillen dafür, dass sie meinem Kopf als Knautschzone gedient hatte. Aber mein Bischofsstab war nirgendwo zu finden. Den hatten die Feinde offenbar mitgenommen, wohl, um das Corpus delicti verschwinden zu lassen.

Dies alles erzählte ich Eva, damit sie nicht denkt, ich hätte den Verstand verloren, und als sie hörte, in welcher Form sich meine eigene Wunderwaffe gegen mich gekehrt hatte, schrie sie abermals entsetzt auf. Aber ich beteuerte, mir sei eh nichts passiert, außer einer kleinen Ohnmacht und einem bisschen Kopfweh, worauf sie mich stolz zu einem großen Helden erklärte.

Von da an versiegte jedoch mein Redefluss. Und obwohl ich spürte, dass Eva auf irgendeine Äußerung von mir wartete, wie es eben Kavaliere in Gegenwart von Damen tun, fiel mir nichts mehr zu sagen ein. Die naheliegende Aufforderung, sich zum Schutz vor den nächtlichen Dämonen bei mir einzuhängen, brachte ich einfach nicht über die Lippen. Gleichzeitig schämte ich mich, weil ich mich als Feigling und Muffel erwies. Erst beim Abschiednehmen vor der Haustür brachte ich wieder den Mut auf. Ich drückte Eva meinen Sack mit den restlichen Geschenken in die Hand und trug ihr auf, ihn ihrem Brüderchen als speziellen Gruß vom Nikolaus zu überreichen. Mein Auftritt als solcher war fraglos beendet.

Von da an sprach mich Eva in der Schule mehrere Male von sich aus an. Doch so sehr ich auch, in den Worten des Dichters, von ihrem Gruß beglückt war und innerlich jubelte, so erwies ich mich jedes Mal erneut als Muffel und als Feigling. Und der Erfolg war, dass sie sich danach, leise seufzend, abwandte und schließlich ihre Versuche, mit mir ein Gespräch anzuknüpfen, wieder aufgab. In meiner wachsenden Verzweiflung beschloss ich, mich endlich wie ein Mann zu verhalten, um mein, das heißt, unser Liebesglück zu retten. Schließlich weihnachtete es sehr. Und nennt man Weihnachten nicht das Fest der Liebe?

Am letzten Schultag vor den Weihnachtsferien machte ich mich an Eva heran, nahm all meinen Mut zusammen, indem ich an ihre wunderbare Hilfe im Park dachte, und fragte, ob sie am Heiligen Abend mit mir die Christmette besuchen wolle. *Und o Jubel, o Freud:* Ihre Antwort lautete sinngemäß: „Ja, ich will!" Mehr noch, sie fand das Ganze eine wunderbare Idee. Und ich, ich fühlte mich, als hätte mich das Christkind geküsst.

Also gut. Nächster Tag. Heiliger Abend. Ich hole Eva ab. Gemeinsam wandern wir zur Kirche. Wieder rühmt sie mich als großen Helden, wieder weiß ich darauf nichts zu sagen, und wieder herrscht ärgerlicherweise verlegenes Schweigen zwischen uns.

In der Kirche angekommen, finden wir uns nur noch einen Stehplatz inmitten der dicht gedrängten Menge. Und da geschieht das große Weihnachtswunder: Auf einmal traue ich mich, Evas Hand zu ergreifen. *Und o Jubel, o Freud:* Sie entzieht sie mir nicht, lächelt mir sogar zu. Und ich? Mein Herz schlägt wie das eines Skispringers, bevor er abhebt, wie das eines Fallschirmspringers, bevor er abspringt. Denn hierauf geschieht des großen Weihnachtswunders zweiter Teil: Auf einmal traue ich mich, Eva zu küssen. *Und o Jubel, o Freud:* Sie entzieht mir auch ihre Lippen nicht und strahlt mich von da an mit glückseligen Augen an. Die Augen ihres Brüderchens im Angesicht des festlich geschmückten Lichterbaums können kaum glückseliger gestrahlt haben. Die frommen Menschen rund um uns scheinen zwar aufs Äußerste empört. Uns aber berührt das kaum.

Und des großen Weihnachtswunders dritter Teil: Zwar sollte ich gerade jetzt schweigen. Doch auf einmal weiß ich unendlich viel zu sagen, das heißt, Eva zuzuflüstern. Zudem weiß ich nun, warum man zu Weihnachten singt: *„O Jubel, o Freud! Glückselige Zeit!"* Und vor allem weiß ich ein für allemal, warum man Weihnachten das Fest der Liebe nennt.

XVII.

Christina Pollok

Der Weihnachtsbaum

Lennie der Lenne-Lindwurm ist der kleine Neffe des Loch Ness Monsters Nessie. Er lebt jedoch nicht in ihrem See, im Norden Schottlands, sondern in der Lenne, im westfälischen Hohenlimburg. Gemeinsam mit seinen tierischen Freuden erlebt er so manches Abenteuer.

„Ist es schon Frühling?", fragt sich Lennie verwirrt und futtert etwas von seinem Wintervorrat.

Dann robbt er zum Höhleneingang und taucht eine Flosse ins Wasser. Irgendwie hat er das kreisrunde Loch im Boden seiner Höhle größer in Erinnerung. Ohne weiter darüber nachzudenken klatscht er ins Wasser, schwimmt ein paar Stöße und schiebt vorsichtig seinen Kopf durch die Wasseroberfläche.

„Hey", schimpft er, da nur einen Flossenschlag entfernt etwas Grünes vom Himmel fällt und am Ufer landet. Es ist ein kleiner Baum, wie Lennie ihn noch nie gesehen hat. Vorsichtig schnuppert er daran.

„Oh Lennie", quakt Mama Ente hinter ihm. „Ich dachte, du hältst deinen Winterschlaf. Wir haben doch erst Dezember."

Erstaunt fährt Lennie herum. Mama Ente ist nicht allein. Timmy, Lilly und ihre Geschwister schwimmen hinter ihr her. Lennie muss zweimal hinsehen, um sie zu erkennen. Erstaunt sagt er: „Ihr seid aber groß geworden. Oder ist eure Mama kleiner geworden?"

Die Küken quaken vergnügt und Mama Ente erklärt: „Nein, Lennie, ich bin immer noch so groß wie ich im letzten Monat war. Meine Kinder sind gewachsen. Aber das ist gar nichts verglichen mit dir. Du bist ja ein richtiger Riese geworden."

„Ich dachte, es wäre schon Frühling, weil es so warm ist.", erwidert der Wasserdrachen.

Mama Ente schüttelt den Kopf und antwortet: „Nein, es ist noch nicht Frühling. Heute feiern die Menschen ein großes Fest, das sie Weihnachten nennen. Du erinnerst dich doch noch an den Lichtermarkt, als die ganze Stadt so bunt beleuchtet war und die vielen Menschen in der Stadt waren. Da beginnt für die Menschen schon die Vorfreude auf das Weihnachtsfest. Sie stellen Tannenbäume in ihre Häuser und jeder schenkt dem anderen etwas."

„Was sind Tannenbäume?", fragt Lennie.

Mama Ente zeigt mit ihrem Flügel zum Ufer und erklärt: „Ein Tannenbaum ist das, was da am Ufer liegt. Der ist gerade von einem Lastauto gefallen. Diese Bäume haben keine Blätter, sondern piekende Nadeln. Fressen solltest du diesen Baum lieber nicht, auch wenn er im Winter grün und frisch bleibt. Wenn du schon wach bist, lieber Lennie, dann komm´ doch mit uns. Heute Abend schlagen die Kirchenglocken besonders schön. Frisches Gras gibt es an unserem Ufer genug."

Gemeinsam schwimmen sie flussabwärts, bis sie das Ufer am Stauwerk erreichen. Lennie verschlingt ein paar Drachenmäuler voll Gras und lauscht gemeinsam mit den Enten dem Klang der Kirchenglocken und dem des Rathausglockenspiels.

Als die Enten sich schließlich für die Nacht zurückziehen wollen, schwimmt Lennie vorsichtig am Ufer entlang. Auf der Lenne-Promenade kann er zwei Menschen sehen und versteckt sich hinter einigen Büschen.

„Du weißt doch, wie wenig wir haben", sagt der größere Mensch und streichelt dem Kleineren über den Kopf. „Freuen wir uns doch einfach daran. Für einen Weihnachtsbaum hätte unser Geld nicht gereicht."

Das kleine Menschenwesen schaut zum anderen Ufer hinüber und sagt: „Ich weiß, Mama. Es ist nur, … morgen ist Weihnachten und ich bin bis zum Mittag allein, weil du arbeiten musst. Heute Abend hätten wir gemeinsam den Baum schmücken können und … glaubst du eigentlich, dass es Lennie wirklich gibt?"

„Ich glaube nicht, Sarah", erwidert die Menschenmama. „Den hat sich bestimmt jemand ausgedacht. Einfach nur so aus Spaß."

„Ich glaube ganz fest, dass es ihn gibt", erwidert die kleine Sarah.

Lennie grinst, während eine dicke Träne in die Lenne platscht. Soll er sich einfach zeigen? Nein! Aber irgendwie möchte er der Kleinen etwas Gutes tun, weil sie an ihn glaubt.

„Der Tannenbaum", sagt er tonlos zu sich selbst, taucht ab und schwimmt wie eine Unterwasserrakete zu seiner Höhle. Am Ufer liegt immer noch der Baum, der ihm einige Stunden zuvor beinahe auf den Kopf gefallen wäre. Vorsichtig nimmt er diesen zwischen die Zähne und schwimmt über Wasser zurück zur Promenade.

„Na komm, Sarah", sagt die Menschenmama. „Lass´ uns nach Hause gehen und unser Festmahl verspeisen. Es ist zwar nichts besonderes, aber Hauptsache wir sind satt und machen uns einen schönen Heiligen Abend."

Die Kleine nickt und verlässt die Aussichtsplattform. Als sie und ihre Mama ein paar Flossenschläge weit weg sind, robbt Lennie ans Ufer, macht einen ganz langen Hals und legt den Baum in die Aussichtsplattform. Doch die beiden Menschenwesen bemerken ihn nicht. Sarahs Mama drückt etwas gegen ihren Kopf und spricht damit, während die Kleine neben ihr her schlendert und auf den Fluss hinaus starrt.

Fieberhaft überlegt Lennie, wie er die beiden auf den Weihnachtsbaum aufmerksam machen kann, ohne sich zu zeigen. Doch gerade als die Menschenmama sehr laut mit dem Ding an ihrem Kopf spricht, dreht sich die kleine Sarah noch einmal um.

„*Uiiiiii*", sagt Lennie diesmal besonders leise.

Dann zwinkert er Sarah mit dem rechten Auge zu und grinst sie schief an, bevor er wieder zum Ufer robbt und im Wasser verschwindet. Als er versteckt hinter kahlen Sträuchern wieder auftaucht, hört er die kleine Sarah rufen: „Mama, schau doch! Das war Lennie. Ich habe Lennie gesehen. Und schau mal, was er uns geschenkt hat!"

„Das ist ein Tannenbaum", sagt die Menschenmama erstaunt. „Der war doch vorhin noch nicht hier. Hm … das kann doch gar nicht … also, das muss wirklich Lennie gewesen sein."

Sarah springt ihrer Mama in die Arme und ruft: „Ganz bestimmt war er das! Danke, Lennie!"

Zufrieden taucht Lennie unter und schwimmt mit langsamen Flossenbewegungen zu seiner Höhle zurück. Seit es dunkel geworden war, hatte sich das Lennewasser stark abgekühlt. Außerdem fühlte er, dass er seinen Winterschlaf fortsetzen sollte.

In seiner Höhle angekommen frisst er noch schnell ein paar Drachenmäuler voll Grünzeug. Dann rollt er sich zusammen und lauscht dem fernen Klang der Kirchenglocken.

„Hallo Lennie", sagt plötzlich eine sanfte Stimme zu ihm. „Ich bin sehr stolz auf dich. Du hast dem kleinen Mädchen ein Weihnachtsfest beschert, dass sie niemals vergessen wird."

Verwirrt hebt Lennie den Kopf und schaut sich um. Er befindet sich nicht mehr in seiner Höhle. Stattdessen liegt er am Ufer eines großen Sees.

„Hab´ keine Angst, kleiner Lennie", spricht die Stimme weiter. „Es ist alles in Ordnung. Ich bin deine Tante Nessie."

Diese Geschichte basiert zum Teil auf einer wahren Begebenheit. Vor 40 Jahren war ich das kleine Mädchen, dem unverhofft ein Weihnachtsbaum beschert wurde.

Angus Minert, Atlantic Coast Art: „Lennie"

Digitalgrafik, 2015   © Christina Pollok

XVIII.

Dagmar Schenda

Fünfundzwanzig

Jess' Eltern war die Planung seiner Zeugung perfekt gelungen. Genau am 24. Dezember erblickte er das Licht der Welt. Von klein auf wurde ihm dies als besondere Gnade offeriert und entband seine Eltern jeglicher Verpflichtung von Geschenken ihm gegenüber. Sie vertraten die Meinung, am gleichen Tag wie das berühmteste aller Kinder geboren zu sein, wäre Geschenk genug. Jess bekam also nie etwas; weder zu Weihnachten, noch zu seinem Geburtstag.

Heute wurde er fünfundzwanzig. Tante Hetti und Onkel Stanislaus hatten die Auffassung seiner Eltern zu der ihren gemacht, ihm wohlwollend die Wange getätschelt und sich zu einem üppigen Heiligabend-Essen niedergelassen. Mittlerweile waren sie längst mit ihrem jährlichen Streit beschäftigt und sein Fehlen würde niemandem auffallen.

Jess schlenderte ziellos durch die unbelebten Straßen. Ein lautes Rülpsen störte die Stille und durchbrach Jess' unerfreuliche Gedanken. Vor einem Schaufenster der Fußgängerzone lungerte ein Obdachloser herum. Bei näherer Betrachtung könnte es allerdings auch jemand sein, der den Klauen der Psychiater entkommen war, denn der Mann trug eine Art langes Nachthemd und lediglich Sandalen. Seine graumelierten Haare fielen bis auf seine Hüften, wodurch er äußerst alternativ wirkte. Jess ging zu ihm.

„Na, Alter, was treibst du hier so einsam und allein?"

Der Angesprochene grinste alkoholisiert und schwenkte eine Flasche mit Hochprozentigem durch die Luft.

„Feiere meinen Geburtstag", lallte er.

„Was, du hast heute auch Geburtstag?" Jess schlug ihm erfreut gegen die Schulter. „Wie alt wirst du denn?" Er schätzte ihn auf etwa Mitte dreißig.

„Zweitausendsiebzehn." Der Befragte gönnte sich einen Schluck.

‚Oha‘, Jess kratzte sich nachdenklich den Kopf; natürlich schrieben wir heute den 24. Dezember 2017, aber … Er ließ es auf sich beruhen, vielleicht hatte übermäßiger Alkoholkonsum dem anderen schon das Hirn vernebelt.

„Und du feierst so ganz allein?"

„Hat sich so eingebürgert. Mein Vater schickt mich jedes Jahr hierher, zum Schlichten und für Ruhe sorgen und eben Geschenke an andere verteilen." Er stieß erneut auf, bemühte sich aber, es dezenter ausfallen zu lassen. „Von Jahr zu Jahr hab‘ ich weniger Lust, stattdessen würde ich gern mal so ‘ne richtige Sause an meinem Geburtstag machen!"

„Los, komm!" Jess nahm ihm die Schnapsflasche weg und goss den mickrigen Rest in den Rinnstein. „Ich wohne in der Nähe." Dann streckte er ihm die Hand hin. „Jess!"

„Freut mich!", der Unbekannte schüttelte sie, „Christkind."

Verdammt, der ist tatsächlich aus der Psychiatrie abgehauen, schrak Jess innerlich zusammen. Da er jedoch einen ungemein friedlichen Eindruck machte, führte Jess ihn zu seinem Elternhaus, durch die Garage bis hinauf in sein Zimmer. Dort versuchte er, Christkind mit Unmengen Mineralwasser nüchterner zu bekommen, stellte ihn unter die Dusche und legte ihm, da Statur und Körpergröße der seinen entsprachen, etwas zum Anziehen heraus.

In der Jeans und dem weißen Hemd sah Christkind richtig gut aus; Jess überredete ihn noch, die Haare zum Zopf zusammen zu binden und drehte ihn dann zum Spiegel.

„Wow, die Mädels werden so richtig auf dich abfahren!", prophezeite er.

In der beheizten Garage hatte Jess gegen Morgen die gepolsterten Gartenliegen aufgestellt, und sie sanken erschöpft vom pausenlosen Tanzen und Feiern glücklich darauf nieder. Da Jess' Eltern an freien Tagen bis spät in den Mittag schliefen, würde niemand den Logiergast bemerken. Beruhigt schliefen die beiden ein.

Jess reckte sich ausgeruht, als ihn die Sonnenstrahlen, die durch das kleine Fenster über ihm hereinfielen, kitzelten. Es war bereits nach zwölf und langsam Zeit, das Feld zu räumen. Er spähte zu der Liege an der hinteren Wand. Ohne seine Kontaktlinsen nahm er nur etwas Unförmiges darauf wahr. Er stand auf und ging hinüber, um Christkind wach zu rütteln.

Christkind war weg, doch ohne die warmen Sachen; sie lagen statt seiner sorgfältig gestapelt da.

„So ein Mist!", schimpfte Jess. Christkind sollte sie doch behalten. Es war zwar mild für diese Jahreszeit, aber sein durchscheinendes Nachthemd und die Römersandalen äußerst ungeeignet. Um eventuelle Fragen seiner Eltern auszuschließen, beschloss er, die Kleidung erst einmal in sein Zimmer zu bringen und dann systematisch nach Christkind zu suchen. Er nahm sie hoch; darunter entdeckte er eine Art Jutesack. Jess hatte nicht die leiseste Ahnung, wie dieser dort hingekommen war. An dem Band, mit dem er zugebunden war, hing ein Zettel.

Lieber Jess,

danke für die tollste Nacht meines Lebens.

Ich führe jedes Jahr ein extra Geschenk für einen besonderen Menschen mit mir; in letzter Zeit ergab sich nichts, so haben sich einige angesammelt. Ich finde, du hast sie alle verdient.

Christkind.

P.S.: Alle Geschenke sind rechtmäßig erworben, du kannst sie also ohne Vorbehalte annehmen.

Jess rieb sich verwundert die Augen, der Typ war schräger als schräg. Neugierig setzte er sich auf die Liege, zog das Band auf und holte langsam ein Geschenk nach dem anderen heraus. Sie waren ganz unterschiedlich und wunderschön eingepackt, allein das gefiel ihm unglaublich gut. Jess baute sie im Halbkreis vor sich auf. Als alle vor ihm standen, zählte er sie.

Es waren genau fünfundzwanzig.

Dagmar Schenda: „Sonnenwende"

Scan des Aquarells (25 cm x 21,5 cm) aus dem Jahr 2013, entstanden für das Cover von „Dagmar Schenda: ‚Flüchtige Begebenheiten'" © Dagmar Schenda 2013 - Aquarell und Scan des Aquarells

XIX.

Regina E.G. Schymiczek

Das Gänsewunder

Raphael stürzte sich blitzschnell auf den jungen Ganter und stülpte ihm den Sack über. Er hielt das Tier mit seinem Körpergewicht auf dem Boden und griff mit der rechten Hand dorthin, wo er den Schnabel vermutete. Dann sprang er auf und flüchtete mit seiner Beute aus dem Gänsestall, wo bereits die Hölle losbrach. Jetzt musste er schnell sein – das Gezeter der Tiere würde in Kürze jemanden aufwecken, und er durfte sich nicht erwischen lassen. Schon während er über den Hof des Stiftes rannte, sah er, wie in verschiedenen Räumen der Gebäude Lichter entzündet wurden.

Der Winter des Jahres 1140 war besonders hart. Seit dem Allerheiligentag im November herrschte Frost. Es fiel immer wieder Schnee, und fast wäre Raphael auf dem vereisten Boden ausgerutscht.

Er wusste, dass er ein hohes Risiko eingegangen war. Mit Dieben wurde kurzer Prozess gemacht. Da kannte auch die Hochedle Äbtissin Theophanu, die die Gerichtshoheit in Astnide innehatte, keine Gnade. Auf Diebstahl stand das Abhacken der Hand oder sogar der Strang.

Nun wollte aber Raphaels Freund, der Schmied Gottfried, nach dem Weihnachtstag heiraten. Und Raphael hatte sich vorgenommen, ihm den Festtagsbraten dazu zu spendieren. Geld hatte er allerdings keines.

Seine Eltern waren so früh gestorben, dass er keine Erinnerung mehr an sie hatte. Andere Familienangehörige besaß er nicht, doch da er ein hübsches Kerlchen mit dicken schwarzen Locken war, hatte er immer jemanden gefunden, der ihn unter seine Fittiche nahm.

Mit seinen mittlerweile 14 Jahren galt er aber als erwachsen und musste seit einiger Zeit selbst für sein Auskommen sorgen. Er begann, sich mit allerlei Hilfsarbeiten durchzuschlagen und schlief hier oder dort in einem Stall. Auch in der Schmiede half er immer wieder aus. Gottfried war mit seiner Arbeit schließlich so zufrieden, dass er ihm anbot, bei ihm in die Lehre zu gehen. Das bedeutete für Raphael ein neues Leben als ehrbarer Handwerker – etwas, von dem er noch kurz zuvor nicht einmal zu träumen gewagt hatte.

Dafür wollte er sich erkenntlich zeigen – und war in den Gänsestall des Stiftes eingebrochen.

Bei den vielen Gänsen wird eine weniger nicht auffallen, dachte er. Allerdings hatte er die Wachsamkeit der Stiftsbewohner unterschätzt.

Schon hörte er Schritte und Rufe, die aus allen Richtungen zu kommen schienen. Er drückte sich in den Schatten der Mauer und überlegte. Noch immer hielt er den Schnabel des Tieres fest zugedrückt, damit ihn das Schnattern nicht verraten konnte.

Seine Verfolger kamen näher. Raphael versuchte, sich die Lage der Gebäude des Stiftes ins Gedächtnis zu rufen, um sich zu orientieren. Da sah er eine offene Tür, die in einen dunklen Raum führte. Schnell huschte er hinein und lehnte die Tür von Innen an. Er lauschte angespannt. Draußen riefen die Wachleute durcheinander.

„Die Schatzkammer wurde aufgebrochen! Wir wurden beraubt!"

„Dort hinten habe ich jemanden laufen sehen!"

„Packt den Dieb!"

Raphael war verwirrt. Waren die am Ende gar nicht hinter ihm her? Gab es noch einen anderen Dieb? Plötzlich spürte er, dass er nicht allein in dem dunklen Raum war, bei dem es sich anscheinend um ein kleines Lager handelte. Seine Augen hatten sich mittlerweile an die Dunkelheit gewöhnt und er glaubte eine Gestalt zu sehen. Doch bevor er weiter darüber nachdenken konnte, spürte er eine Klinge an seiner Kehle und eine raue Stimme fuhr ihn an: „Keinen Mucks, sonst bist du tot! Und leg den Sack mit deiner Beute ab, die kann ich noch gut zu meiner dazu nehmen."

Gut, dachte Raphael, *den Gefallen tue ich dir gerne.*

Er legte den Sack vorsichtig auf den Boden – um ihn dann mit einem Ruck an einem Zipfel hochzuziehen und zur Seite zu springen. Mit heftigem Flügelschlagen und einem wütenden Zischen stürzte sich der befreite Ganter auf den Mann, der vor ihm stand und biss ihn in die Hand. Der war völlig überrascht und fürchtete, die Dämonen der Hölle wollten ihm die Seele aus dem Leib reißen. Er ließ sein Messer fallen und stolperte in Panik aus der Tür. Eine kostbare Kette, die er in seine Jackentasche gestopft hatte, fiel heraus und dem Ganter um den Hals. Das machte diesen noch wütender und er setzte seine Attacken fort. So trieb das Tier den Dieb genau in die Arme der Wachleute.

Mit Erstaunen hörte die Äbtissin später den Bericht ihrer Wachmannschaft. Der Hauptmann versicherte ihr, dass ein Ganter den geraubten Schatz des Stiftes gefunden und geschmückt mit einer Kette, an der ein geweihtes Kreuz hing, den Dieb verfolgt hatte. Schnell machte die Geschichte von dem „*Gänsewunder*" die Runde – von Raphael war darin aber nicht die Rede. Der hatte sich versteckt, bis der ganze Rummel vorbei war. Nicht ohne unablässig sämtliche Heiligen anzuflehen, ihn vor einer Entdeckung zu schützen. In den frühen Morgenstunden konnte er sich dann endlich unentdeckt davonmachen.

Bei der feierlichen Messe zum Hochfest der Geburt des Herrn sang Raphael besonders laut mit – und versprach Gott und allen Heiligen, nie mehr etwas zu stehlen.

Und für noch jemanden endete die Geschichte glimpflich: Der Ganter hatte sich durch seine Heldentat die Dankbarkeit der Äbtissin und aller Stiftsdamen verdient, sodass er dem Schlachtbeil entging und ein lebenslanges Wohnrecht im Stift erhielt.

Regina E. G. Schymiczek: "Gans in Gotik"

Foto und digitale Fotobearbeitung von Regina E. G. Schymiczek aus dem Jahr 2012 © Regina E. G. Schymiczek, 2012

XX.

Halina Monika Sega

Mein kleines Weihnachtswunder 2011

Ich berührte mit den Fingern mein rechtes Ohr und entdeckte, *oh Schreck, der Ohrstecker ist weg!* Mich traf die Erkenntnis wie ein Blitzschlag. Das konnte doch nicht wahr sein! Wäre es nur Modeschmuck gewesen, dann wäre es egal. Aber über den Verlust von Goldschmuck war ich nicht begeistert.

Wo konnte der Ohrring nur sein? Vorhin steckte er noch in meinem Ohrloch. Verwundert zermarterte ich mir das Hirn, wie es möglich war, ihn zu verlieren. Ich saß hier friedlich und guckte mit meiner Pudeldame Lilly die Nachrichten. Verwirrt schaute ich mich um und tastete sicherheitshalber den Sessel ab. Auch die Sesselritze blieb von mir nicht verschont. Nichts! Ich stand auf und Lilly sprang vom Sessel herunter. Verzweiflung ließ mich auch das Sofa durchwühlen. Wieder nichts. Selbst vor dem Wohnzimmertisch machte ich keinen Halt. Ich hob den Adventskranz und schaute mir die Tischplatte an. Ich entdeckte den Ohrring weder auf dem Tisch noch darunter.

Damit gab ich mich nicht zufrieden. War ich nicht vorsichtig gewesen? Wie konnte das passieren? Aufgeben war keine Option! Enttäuscht stellte ich den Adventskranz zurück und ließ mich auf allen Vieren nieder. Forschend kroch ich kreuz und quer durch das Wohnzimmer und hoffte, meinen Ohrschmuck so zu finden. Ich kam mir vor wie Lilly, die sonst den Boden beschnupperte und mich jetzt sowieso verwundert beäugte.

Ohne Unterbrechung tastete ich den Teppichboden mit meinen Fingerspitzen ab. Tatsächlich entdeckte ich den Verschluss des Ohrsteckers links neben dem Sessel. Freude keimte in mir auf, dass ich ihn nicht draußen verloren hatte.

Also, wo der Verschluss war, konnte das Schmuckstück nicht weit sein. Wo war er bloß?, dachte ich weiter.

Hier im Wohnzimmer auf keinen Fall. Vielleicht hatte ich ihn im Bett verloren? Um nachzuschauen rannte ich ins Schlafzimmer, und Lilly tippelte hinterher. Ich durchsuchte das Ehebett, schüttelte die Kissen und Oberbetten kräftig aus. Leider tauchte der Ohrring nicht auf.

Auch Lillys leeres Hundekörbchen verschonte ich nicht, welches neben meinem Bett stand. Meine Pudeldame beobachtete mich und wedelte mit dem Schwanz. So wie sie mich anblickte ging sie sicher davon aus, dass ihr Frauchen jetzt völlig durchdrehte. Ich schüttelte mehrmals ihre Kisseneinlage und hoffte, ein Klimpern im Körbchen zu hören. Irrtum, es blieb still und mir entglitt die Kisseneinlage.

Ich beherrschte mich, das Hundekörbchen wegzutreten, und verließ enttäuscht das Schlafzimmer, gefolgt von Lilly.

Mürrisch stiefelte ich in die Küche. Seufzend durchkämmte ich auch diesen Raum. Aber auf den weißen Fliesen war ebenfalls nichts zu entdecken. Gefrustet ging ich ins Esszimmer und kroch unter den Tisch. Ich fühlte nach meinem Ohrstecker und passte auf, mir nicht den Kopf zu stoßen. Auf eine Beule konnte ich gut verzichten. Kriechend entfernte ich mich und steuerte das Zimmer meines Sohnes René an. Ich robbte suchend hindurch und fühlte mit den Fingern, ob der Ohrring sich vielleicht hier befand. Negativ! Es hatte keinen Zweck! Der Ohrstecker blieb verschwunden.

Traurig gab ich auf und steckte erst einmal keinen Ohrschmuck ins Loch. So konnte es nicht ewig bleiben. Mir missfiel, dass das Loch zuwachsen könnte. Okay, dann musste ein anderes Schmuckstück herhalten. Resigniert holte ich die Schmuckschatulle aus dem Schrank und wählte etwas Passendes aus. Vergessen konnte ich mein vermisstes Schmuckstück nie, denn im anderen Ohr prangte wie zum Trotz das passende Gegenstück.

Geknickt fragte ich mich, warum ich ausgerechnet in der Vorweihnachtszeit meinen Lieblingsohrstecker verloren hatte. Der Verlust schmerzte, und ich war nicht bereit aufzugeben. Wieder kroch ich durch jedes Zimmer und suchte nach meinem Schmuckstück. Erst als ich im Wohnzimmer nachschaute, glitzerte etwas Goldenes auf dem Teppichboden, genau unter dem Kronleuchter. Ich sank auf die Knie und ertastete mit den Fingerkuppen meinen Ohrstecker. Ich schmunzelte und hob ihn auf. Glücklich steckte ich ihn in mein Ohrloch.

Doch plötzlich löste sich das Wohnzimmer vor meinen Augen auf und ich lag wieder in meinem Bett. Mist, ich hatte nur geträumt! Es war unglaublich, der Ohrstecker verfolgte mich sogar nachts wenn ich schlief. Die Realität holte mich ein, und das Schmuckstück blieb weiter verschwunden.

Immer wenn ich in den Spiegel schaute, ärgerte ich mich, denn mein Spiegelbild zeigte die nackte Wahrheit. Ich gab mich enttäuscht geschlagen und gestand mir ein: Der Ohrstecker war verloren.

Es verging kein Tag, an dem ich mir nicht wünschte, ihn zu finden. Damit quälte ich mich selbst, denn jeder Gedanke erinnerte nur an den Schaden, den ich erlitten hatte.

Vielleicht hatte ich Glück und bekam neuen Ohrschmuck von meinen Göttergatten zu Weihnachten geschenkt. Ich lächelte verträumt, wenn ich an die Bescherung dachte.

Gott sei Dank war ich durch die Weihnachtshektik abgelenkt und vergaß meinen Verlust.

Vormittags an Heiligabend holte ich aus der Küche den Wischlappen, um im Wohnzimmer, wo der Tannenbaum stand, den Tisch zu säubern, da hörte ich meinen Ehemann Dieter fragen: „Weißt du, was das ist?"

Ungläubig schaute ich das besagte Objekt an, welches er mir unter die Augen hielt.

„Das kann doch nicht wahr sein! Das ist mein Ohrstecker, den ich überall gesucht habe!", kreischte ich aufgekratzt. „Wo hast du ihn gefunden?"

„Er lag hier auf dem Tisch", antwortete er belanglos.

„Da habe ich doch auch gesucht!", rief ich fassungslos. „Oder war es Lilly, meine Weihnachtselfe?", scherzte ich, nahm ihn kopfschüttelnd zur Hand und jubelte: „So etwas passiert nur an Heiligabend. Das ist mein kleines Weihnachtswunder!"

Fix hauchte ich Dieter einen Kuss auf den Mund. Egal, dass wir beide nicht unter dem Mistelzweig standen und Lilly mich ansprang. Auch meine Söhne Dominic und René staunten. Ich dagegen war so überwältigt vor Freude, dass ich endlich den Verschluss mit dem Ohrstecker vereinen konnte.

Dies war mein schönstes Weihnachtsgeschenk 2011, und ich strahlte genauso wie der Stern über Bethlehem vor mehr als zweitausend Jahren.

Heute kommt der Weihnachtsmann

– Weihnachten Auf Amerikanisch –

Heute kommt der Weihnachtsmann, heute kommt der Weihnachtsmann, heute kommt er an.

Seht ihr ihn nicht?

Seht ihr ihn nicht?

Schaut hinaus, schaut hinaus, schaut aus dem Fenster hinaus.

Oben auf fliegt er dort, oben auf fliegt er dort durch die Sternenpracht.

Seinen Schlitten schwer beladen, seinen Schlitten schwer beladen, trotzdem verliert er nichts von seiner kostbaren Last.

Rudolf mit der roten Nase strengt sich übermenschlich an.

Schnauft, stöhnt und treibt alle anderen Rentiere zur Eile an.

Gleich hält er an, gleich hält er an, und fliegt hin zum Erdengrund.

Dort unten besucht er alle lieben Kinder und verteilt seine tollsten Geschenke.

Träume werden endlich wahr.

Ja, Träume werden wirklich wahr.

Heute kommt der Weihnachtsmann, heute kommt der Weihnachtsmann, heute kommt er an.

Freuen sich alle Kinder und hängen schnell ihre Stiefel am Kamin, bevor sie schlafen gehen.

Heute kommt der Weihnachtsmann, heute kommt der Weihnachtsmann, heute kommt er an.

Bald ist es so weit, denn die Glöckchen klingen schon sehr nah.

Bald ist es so weit, denn die Glöckchen klingen wunderbar.

Schließlich kommt er, schließlich kommt er, durch den Kamin blitzschnell gesaust.

Füllt sofort die Strümpfe rund und voll, bis sie fast aus allen Nähten platzen.

Nimmt die Einladung gerne an und stopft sich eilig Plätzchen in den Mund.

Spült alles nach mit guter Milch

Dann wird es Zeit zu gehen.

Dann wird es leider Zeit zu gehen.

Er entschwindet wieder durch den Kamin, um zum nächsten Kind zu hetzen, in nur einer einzigen Nacht.

Alle Kinder rufen entzückt, sobald sie ihre vollen Strümpfe entdecken.

Heute war der Weihnachtsmann, heute war der Weihnachtsmann, heute war er wirklich da. Heute war der Weihnachtsmann, heute war der Weihnachtsmann, heute war er wirklich da.

Frank Gebauer: „Der bunte Weihnachtsmann"

Ein Hexenschuss zu Weihnachten

„Wenn ich es euch erzähle glaubt ihr es nicht! Ja, es fing ganz harmlos an", erzählte Kasimir, der Oberelf, seinem Gefolge auf der Erde.

Wie jedes Jahr klingelte der Wecker mit den beiden Glöckchen laut und der Weihnachtsmann schreckte aus dem Schlaf hoch. Doch dieses Mal war seine Bewegung zu ruckartig. Ein Schmerz zersägte ihn regelrecht in der Mitte und bohrte sich in seine Wirbelsäule wie ein Dolch. Es ließ den armen Wicht stöhnen und jammern wie bei einem Katzenkonzert.

Ausgerechnet heute, dachte der Weihnachtsmann und massierte mit beiden Händen seinen höllisch schmerzenden Rücken. Aber es half nichts! *So komme ich nie aus dem Bett,* dachte er bekümmert, und seine Mundwinkel kippten nach unten.

Alarmiert von seinem Gestöhne kamen alle Weihnachtselfen hereingestürmt in sein Schlafgemach. Was sich ihren Augen bot, war nicht in Worte zu fassen. Der Weihnachtsmann hing inzwischen auf halb Acht zwischen Bett und seinen Latschen. Sein weißer Bart schwang hin und her und verfing sich im oberen Teil des Bettgestells.

„Helft mir doch, helft mir doch", stöhnte er die ganze Zeit und ruderte mit den Armen, um sein Gleichgewicht nicht gänzlich zu verlieren.

Ratlos schauten sich die Elfen in ihren grünen Gewändern und Mützen mit Bommeln an, und alle zuckten mit den Schultern, bis der Oberelf Kasimir entsetzt meinte: „Ihn hat die Hexe geschossen! Wie soll er heute die Geschenke durch die Kamine bringen?"

„So passt er nirgends durch, und den Schlitten kann er auch nicht besteigen!", rief der kleinste Weihnachtself besorgt. Tränen glänzten bereits in seinen himmelblauen Augen.

„Dann fällt Weihnachten dieses Jahr ins Wasser", quälte sich der Weihnachtsmann, um es zu verkünden.

„Jetzt ist guter Rat teuer", kommentierte der größte Weihnachtself, stieß sich dabei den Kopf an der Decke und zog an seiner Pfeife, um sich von dem Schmerz abzulenken.

„Es muss ein Vertreter her … sofort!", befahl Kasimir und schaute verzweifelt in die Runde.

Wie aufs Stichwort redeten alle Elfen durcheinander, sodass ein Stimmengewirr entstand und keiner den anderen mehr verstand.

„Ich sagte doch, Weihnachten fällt ins Wasser", jammerte der Weihnachtsmann weiter und kroch auf allen Vieren ins Bett zurück, nachdem er seinen Bart befreit hatte.

„Das geht nicht! Weihnachten ist noch nie ausgefallen", antwortete der kleinste Elf und kratzte sich an der roten Nasenspitze, die bereits tropfte wie ein undichter Wasserhahn. In diesem Moment kam ihm aber eine Idee und er rief begeistert aus: „Ich hab's!"

Alle Augen waren fortan auf ihn gerichtet. Sie hingen regelrecht an seinen blutroten Lippen.

„Da wir weder Weihnachten ausfallen noch verlegen können, gibt es nur eine Lösung!"

„Welche?", fragten alle Anwesenden und umkreisten ihn wie ein Raubtier seine Beute.

„Ich weiß, wer unseren lieben Weihnachtsmann vertreten kann und dies auch gerne machen wird." Dabei hüpfte er vergnügt von einer Stelle zur anderen.

„Lass dir doch nicht alles aus der Nase ziehen, du Gnom!", donnerte der Oberelf und durchbohrte ihn mit seinem zornigen Blick. „Schließlich sind wir keine Hellseher, sondern alle nur die Weihnachtselfen, die für die Geschenke zuständig sind! Das Austragen fällt nicht in unsere Zuständigkeit!"

„Wartet ab und lasst euch überraschen", gab er in einem Singsang zum Besten und lief bereits aus dem Schlafgemach des Weihnachtsmannes. Nach fünf Minuten kam er mit dem Osterhasen angebraust.

„Das ist ein Witz!", riefen alle wie aus einen Mund, und Fassungslosigkeit spiegelte sich in jedem Elfengesicht wider.

„Der Osterhase kann mich doch nicht vertreten!", kreischte der Weihnachtsmann und stöhnte wieder laut vor sich hin in seinem Bett, weil er seinen Rücken für einen Moment vergessen hatte. Dies rächte sich, und der Schmerz ließ ihn nicht mehr los.

„Sicher! Er ist der Einzige, der die Route kennt. Außerdem wollte er schon immer mal tauschen und im Winter Ostereier bringen. Im Frühjahr ist es manchmal so heiß, dass es ihm den Schweiß aus allen Poren treibt."

„Ostereier zu Weihnachten? Willst Du mich etwa veräppeln?!", piepte der Weihnachtsmann, und seine Stimme klang wie die eines Jungen im Stimmbruch. Er räusperte sich mehrmals, bis seine Stimme nicht mehr vibrierte.

„Wieso nicht? Endlich mal einen Stilbruch riskieren", antwortete der Osterhase und nagte an seiner Möhre. „Außerdem wäre das etwas ganz Neues. So würde keiner mehr in Umtauschstress verfallen", ließ er weiter verlauten. „Wer nimmt schon Ostereier zurück? Schließlich sind diese doch vom Umtausch ausgeschlossen, oder nicht? So könnten alle entspannt die Feiertage genießen, sich an den Eiern glücklich tun und sich nicht mit der Weihnachtsgans überfressen."

Kaum hatte der Osterhase dies zum Besten gegeben, schlug er Haken und war auch schon aus dem Schlafgemach verschwunden.

Heute noch wird davon berichtet, dass aus Weihnachten dann Osternachten wurde, und der Frieden auf Erden endlich hergestellt war, nach mehr als 2000 Jahren. Dafür aber Ostern abgeschafft wurde, und die armen Hennen nicht mehr so viele Eier legen mussten, um sie von ihren Küken anpinseln zu lassen. Dadurch sparte man sich die Farben auf, für den Kindergarten, um den Kleinen die Kunst auf Papier nahe zu bringen, und neue Künstler waren von nun an geboren.

Inzwischen kann der Weihnachtsmann seinen Ruhestand genießen und der Osterhase seinen Urlaub auf der Osterinsel im April.

Halina M. Sega: „Bescherung"

Foto von Halina M. Sega, Dez. 2012.   © Halina M. Sega, 2012

Vampirische Weihnacht

„Können wir nicht Weihnachten feiern wie alle anderen auch?"

„Kommst du schon wieder damit?", brummte Wilhelm der Blutige.

„Ja, natürlich! Jeder feiert es", antwortete Liam der Unersättliche.

„Stimmt doch gar nicht", widersprach Wilhelm der Blutige und blickte aus dem Fenster, wo es heftig schneite und der Schnee sich bereits einen Meter hoch um das Schloss in Siebenbürgen türmte.

„Doch ... jeder!", bestand Liam der Unersättliche.

„Nein, weder die Moslems und auch nicht die Buddhisten oder etwa die Zeugen Jehovas feiern es."

„Musst du immer so genau sein?", motzte Liam der Unersättliche und sein Antlitz verfinsterte sich gefährlich.

„Ja, wenn du alle Jahre wieder im Dezember mit der verrückten Idee kommst", stöhnte Wilhelm der Blutige und fuhr sich durch das dichte, schulterlange, hellblonde Haar.

„Ich vermisse es eben."

„Was denn? Den Wein, um sich zu besaufen ... oder die Geschenke, Liam?", verhöhnte ihn sein Kamerad der gleichen Blutlinie.

„Weder noch. Aber der Weihnachtsbaum und die Kerzen, die ihn schmückten, fehlen mir sehr."

„Seit wann bist du so nostalgisch?"

„Ich war immer nostalgisch veranlagt." Dabei zuckte Liam der Unersättliche mit den Achseln und zog an seinem schwarzen, rückenlangen geflochtenen Zopf.

„Du … und nostalgisch! Das ist lächerlich!", rief Wilhelm der Blutige und ein Grinsen eroberte seine schmalen blutroten Lippen. Dabei blitzten seine spitzen weißen Zähne im Kerzenschein auf. Dazu wies er amüsiert mit dem rechten Zeigefinger auf seinen Begleiter.

„Das war vor meiner Verwandlung."

„Ja, wegen deiner Schwester, die dir nachlief wie ein Hündchen auf einem Bauernhof."

„Das waren andere Zeiten! Und unser Anwesen war kein Bauernhof. Lass die Unverschämtheit", knurrte er, denn es reichte ihm und so fuhr er verärgert seine Fangzähne aus.

„Es hat dich nicht abgehalten, alle ihrem Schicksal zu überlassen und sie auszusaugen. Also beschwere dich nicht, wenn ich einen Witz reiße."

„Das klang nicht nach einem Witz, sondern eher nach Vorhaltungen. Ich kann deine Vorwürfe nicht mehr hören. Ich habe kapiert, dass dir Weihnachten egal ist."

„Es ist mir nicht egal!", rief Wilhelm der Blutige entrüstet. „Aber Vampire … feiern keine christlichen Menschenfeste. Das würde sonst unserem Ruf schaden. Uns soll man fürchten und sich vor uns verkriechen wie die Ratten in der Kanalisation!", brüllte er weiter und schlug gegen die Wand, sodass sich Putz löste und auf seine Stiefel rieselte wie Schnee, der vom Himmel fiel.

„Es würde doch keiner dieser niedrigen Kreaturen erfahren, was wir bei uns im Schloss treiben."

„Ich weiß es, und das genügt völlig!"

„Okay, lass es uns vergessen und auf die Jagd gehen, denn es dürstet mich ... nach Menschenblut", gab Liam der Unersättliche zu.

„Endlich bist du vernünftig geworden, Liam!" Dabei schlug er ihm freundschaftlich auf die Schulter. Liam verzog noch nicht einmal eine Miene, denn die Gier hatte ihn gepackt und er wollte nur noch eins: Blut und noch mal Blut ... trinken.

Schon stürmten beide aus dem Schloss ins Schneegestöber, wo der Wind so doll blies und die allerletzten Blätter durch den Schlossgarten schwebten wie Gespenster in der Nacht. Eiseskälte umfing die beiden Vampire und begleitete sie hinein ins Dorf. Dort, wo die Menschen sich verkrochen und ihre Häuser weihnachtlich geschmückt waren. Tannenduft vermischte sich mit Schneeluft. Aber nicht mehr lange, und Blutgeruch würde sich dazugesellen.

***

Drei Tage waren vergangen und Liam der Unersättliche schlenderte durch das Schloss, bis er ein Glöckchen klingeln hörte. Verwundert drehte er den Kopf nach links der Geräuschquelle zu und beschleunigte seine Schritte in die entgegen gesetzte Richtung. Als er den festlich geschmückten Ballsaal betrat, vergrößerten sich seine Augen. Er glaubte nicht, was er sah. Das konnte doch nicht wahr sein! Mit offen stehendem Mund beobachtete er Wilhelm den Blutigen, wie er gerade blutrote Kerzen anzündete, welche er wohl vorher auf die Tanne platziert hatte. Auf der Spitze thronte sogar ein Skelettkopf, in deren Augenhöhlen Spinnen wohnten. Doch diese Tanne trug keine einzige Nadel, sondern sie war völlig nackt und braun wie ausgetrocknetes Stroh. Fassungslos starrte Liam der Unersättliche ihn an, und er brachte keine Silbe über die Lippen.

„Da bist du ja endlich, Liam mein Freund!", rief Wilhelm der Blutige und schmunzelte, während er winzige, geschnitzte Halloweenkürbisse aus der Tasche seines Gehrockes zog und sie an die Tannenzweige hängte, bis der Baum hin und her schwankte. Dabei gewann man den Eindruck, dass der Wind ihn bewegen würde. Doch keine einzige Windböe war zu registrieren. Mit Stolz trug die Tanne das Gewicht, als ob sie extra dafür erschaffen wurde. Auch der Kerzenschein tänzelte, sodass man glaubte, liebliche Musik würde es zum Bewegen bringen.

„Wie findest du unseren Baum? Gefällt er dir? Entspricht er deiner Vorstellung?", überhäufte er Liam den Unersättlichen mit lauter Fragen und glotzte ihn dabei abwartend an.

„Das ist sicher nicht dein Ernst, Wilhelm!", fragte er perplex und näherte sich seinem Erschaffer.

„Warum sollen wir keinen Baum haben wie unsere menschlichen Abbilder im Dorf? Nur angemessen sollte die Vampirtanne sein. Was meinst du, fehlt noch etwas?"

Liam der Unersättliche schüttelte weiterhin fassungslos den Kopf und kriegte immer noch keine Antwort gebacken.

„Dann kann ja die Blutparty äh … ich meine das vampirische Festessen steigen. Ich habe uns Jungfrauen besorgt von denen wir kosten können, wenn du bereit bist, mit mir Weihnachten auf vampirisch zu feiern. Das schadet dann auch nicht unserem Ruf! Im Gegenteil: Der erste Vampir aller Zeiten, wird es uns gleichtun, davon bin ich überzeugt. Du weißt ja, dieser Langweiler eifert uns gerne nach." Wilhelms Lachen schallte längst durch den Ballsaal und erst jetzt entdeckte Liam der Unersättlich zwei junge Mädchen in hübschen rosafarbigen, mit Rosen besticken Ballkleidern, die mit glasigen, dunkelblauen Augen auf der Festtafel hockten.

„Ich hoffe, dir gefallen meine vampirischen Weihnachtsgeschenke?", fragte Wilhelm der Blutige. „Such dir Eine aus, mit der du zuerst spielen kannst, wie es dir beliebt, mein treuer Weggefährte", hörte er Wilhelm den Blutigen sagen, der sich bereits von der Tanne entfernte und zu den Mädchen hin schritt, die bewegungslos dasaßen, als ob sie in einer anderen Welt weilten. „Fröhliche vampirische Weihnacht", hauchte Wilhelm der Blutige und deutete auf die weiblichen Gäste, die er geladen hatte und wo er seinen Charme einsetzte. Nur damit sie ihm in die Kutsche mit den vier schwarzen Hengsten folgten. Ohne Probleme schaffte er sie in sein Schloss und stellte sie vorher unter seinem Bann.

Liam der Unersättliche kam auf sie zu und umschloss die Kleinere von beiden Jungfern, während seine spitzen Zähne über die Unterlippe glitten. Grinsend näherte er sich dem unschuldigen Mädchen, um seine Fangzähne in ihren Hals zu schlagen. Dabei murmelte er vergnügt: „Wilhelm, ich wünsche dir auch fröhliche vampirische Weihnachten."

Halina M. Sega: „Baumschmuck"

Foto von Halina M. Sega, Dez. 2007.　　　© Halina M. Sega, 2007

Heute ist die Nacht

Heute ist die Nacht, die heilige Nacht, die einzige Nacht, die uns vor uralter Zeit verkündet wurde.

Heute ist die Nacht, in der Jesus geboren wurde, um uns mit Gott zu versöhnen.

Heute ist die Nacht, in der Jesus als Kind zu uns kommt, um uns von der Sünde zu befreien.

Heute ist die Nacht, wo der Engel auf dem Felde den Hirten Jesus Geburt verkündet.

Heute ist die Nacht, wo der hellste Stern am Himmelszelt erscheint.

Heute ist die Nacht, wo die Könige sich auf den Weg machen, um dem neuen Herrscher zu huldigen.

Heute ist die Nacht, wo die Tiere zu sprechen beginnen, um Gott zu preisen.

Heute ist die Nacht, in der die Liebe ihren Platz unter den Menschen findet.

Heute ist die Nacht, in der die Hoffnung wieder zurückkehrt in die Welt.

Heute ist die Nacht, in der unser Heiland geboren wurde.

Heute ist die Nacht, in der wir die Erinnerung an die erste Nacht feiern und Gott ewig für seine Gnade danken.

Halina M. Sega: „Heute ist die Nacht"

Foto von Halina M. Sega, Dez. 2010. © Halina M. Sega, 2010

XXI.
Maria Stalder

Weihnachtliches Glück im Unglück

Seit zwei Jahren verleben Inge und ihr Mann den Heiligabend und die Weihnachtstage bei ihren Kindern. Nach der Kinderchristmette hat Inge ihre dreijährige Enkelin Marie auf dem Schoss. Sie wartet mit Max, 5 Jahre, Opa Heinz und ihrer Tochter Andrea auf das Glockenzeichen. Endlich ist es zu hören. Kurz darauf öffnet sich die Wohnzimmertür und Vater Ernst gesellt sich dazu. Der Tannenbaum, mit seinen elektrischen Lichtern, den Kugeln und Strohsternen erstrahlt in voller Pracht. Am Fuße des Weihnachtsbaumes steht die Krippe. Um dem Baum herum sind die Geschenke platziert. Draußen beginnt es zu schneien.

Das Familienfest soll für die Kinder mit dem gemeinsamen Weihnachtsessen ausklingen. Bis dahin ist noch ein wenig Zeit. Die Aufregung nach der Bescherung hat sich gelegt. Max und Marie kuscheln sich an Oma Inge und möchten wissen, wie früher Weihnachten gefeiert wurde.

Oma Inge beginnt zu erzählen. Ihr fällt das Weihnachtsfest 1948 ein, wo sie als fast Dreijährige für große Aufregung sorgte. „Damals stand am Heiligabend der Weihnachtsbaum geschmückt mit einer Silberspitze, Silberkugeln, Engelhaar, silbrigem Lametta und echten Bienenwachskerzen in einer Ecke des kleinen Wohnzimmers. In der Wohnküche wartete die Familie mit den Großeltern bis die Glocke ertönte. Beim Einzug ins Wohnzimmer wurden Weihnachtslieder gesungen. Großvater, der nicht singen konnte, brummte die Melodien vor sich hin. Auf dem Tisch stand für alle ein großer Weihnachtsteller mit selbst gebackenen Plätzchen, ein weiterer mit Äpfeln aus dem Garten. Unter bedrucktem Weihnachtspapierbogen lag für jeden ein Geschenk."

„Ich", so erzählte Oma Inge, nach einer kurzen Pause, „schenkte damals, wie es Jahre später immer wieder die Erwachsenen erzählten, nicht dem strahlenden Weihnachtsbaum oder dem Weihnachtstisch meine ganze Aufmerksamkeit, sondern einem blau weißen Dreirad. Dieses stand mitten im Raum. Während alle ihr Geschenk auspackten, bestaunte ich zunächst nur dieses Gefährt, hüpfte vor Freude um es herum. Keiner bemerkte, dass ich ohne Hilfe auf das Dreirad kletterte und es mit Schwung in Bewegung setzte. Lenken konnte ich das Dreirad nicht. Stützräder hatte es nicht. Schnurstracks fuhr ich auf den brennenden Weihnachtsbaum zu, versetzte ihm einen heftigen Stoß und er kam ins Wanken."

In diesem Moment wurden die Erwachsenen hellwach. Oma Lisbeth schrie laut: „Oh Gott, gleich brennt der Baum." Opa Anton hielt reaktionsschnell den Baum fest, damit er nicht völlig zur Seite kippte. Mutter und Vater versuchten schnellstens die Bienenwachskerzen auszupusten, bevor Engelhaar und Lametta Feuer fangen konnten. Beide hatten die Finger voller Bienenwachs. Die Silberkugeln schlugen aneinander und klangen wie zarte Glöckchen. Sie überstanden alle heile diese unverhoffte Aufregung. Einige Tannenzweige fingen an der Spitze an zu glühen. Auch dies wurde blitzschnell gelöscht. Es verbreitete sich ein Tannenduft, den ich später noch liebte, wenn ich in einer Schale vorsichtig kleine Tannenzweige anglühen ließ.

Damals spürte ich selbst nicht die Gefahr, die ich ausgelöst hatte. Oma Lisbeth holte eiligst einen Eimer Wasser, der aber nicht mehr benötigt wurde. Meine erste, abenteuerliche Fahrt auf dem Dreirad endete abrupt und sorgte für ziemliches Aufsehen.

An diesem Heiligabend wurde der Weihnachtsbaum nicht mehr angezündet. Alles war gut gegangen. Den Schrecken der Erwachsenen habe ich damals als Kind nicht so recht wahrgenommen. Meine Freude über dieses außergewöhnliche Geschenk war allein für mich wichtig. Das Dreirad wurde eilends aus dem Wohnzimmer entfernt, mit dem Versprechen, dass ich demnächst damit fahren darf. Sonst verlief dieses Weihnachtsfest ohne besondere Vorkommnisse.

Auf vielen Familienzusammenkünften wurde dieses weihnachtliche Abenteuer, immer wieder zum Besten gegeben. Das Dreirad, so erfuhr ich viel später, hatten die Eltern im - 1 - Tausch mit anderen Sachwerten über Verwandte mit viel Mühe, so kurz nach dem zweiten Weltkrieg, erst unmittelbar vor Weihnachten erhalten. Bei vielen Spaziergängen und Ausflügen war dieses Dreirad mein treues Gefährt. Dass es ein gebrauchtes Dreirad war, störte niemanden.

Als Einzige in unserer Straße besaß ich ein Dreirad. Meine Spielkameraden freuten sich, wenn sie einmal damit fahren durften.

Marie und Max beeindruckte diese Erzählung sehr. Max fragte sofort nach, ob es Bilder von diesem Weihnachtsbaum und dem Dreirad gibt. Dies verneinte Oma Inge. Opa Heinz ergänzte: „Damals war das Fotografieren von Familienfesten nicht selbstverständlich. Es gab aus dieser Zeit z.B. nur Fotos von Hochzeiten und Kindtaufen. Einige Jahre danach gab es natürlich Fotos, auch vom Weihnachtsfest, zunächst immer in schwarz weiß, viel später erst in bunt."

Max war mit der Antwort zufrieden. Auf Omas Schoß war Marie fast eingeschlafen. Das Weihnachtsessen schmeckte allen gut. Die Erwachsenen ließen den Heiligabend, nachdem die Kinder im Bett waren, gemütlich ausklingen. Am zweiten Weihnachtstag fuhren nach dem gemeinsamen Frühstuck Oma Inge und Opa Heinz nach Hause.

© *Maria Stalder*

Weihnachten

Weihnachten

ein Fest der Liebe,

ein Fest der Familie,

verkommen

im Konsumrausch

verdorben

durch

ein Wetteifern und Überbieten

an Geschenken,

an Festtagsgestaltung,

an Festtagsbraten,

an Festtagsarrangements.

Weihnachten

nur noch ein

Event, weil es

zum Festkreis

gehört?

Hektisches Getriebe bis

unmittelbar vor dem Fest.

Weihnachten, kein

Miteinander eher

ein Nebeneinander

im Familienkreis.

Weihnachten

chaotisch im Vorfeld,

sinnentleerte

Weihnachtszeit.

Wie löst sich der

gordische Knoten

auf?

Hat Weihnachten eine Zukunft?

© Maria Stalder

XXII.

Angelika Stephan

Winter

Weiß gekleidete Bäume
zwinkern
mit funkelnden Eisaugen
im fahlen Mondlicht.

Eisiger Wind
haucht
nebelig entgegen,
verwandelt Gesichter
in starre Masken.

Tanzende
Schneeflocken
geben
feuchte Küsse
auf blass gewordene Lippen.

Neuschnee
dämpft
watteweichen Schritt

auf gefrorenem Boden.

Unendliche Stille.

Frieden

wärmt

wohlig glimmend

nur einen kurzen Augenblick.

© Angelika Stephan

Angelika Stephan: „Winterlandschaft"

Aquarell auf Papier, 24 x 32 cm, 2009.

© Copyright Angelika Stephan (Bild und Foto)

Herausforderung zum Weihnachtsfest

Anna hüpfte von einem Bein auf das andere.

„Bald kommt das Christkind! Bald, bald, bald!" Sie fasste Lara an den Händen und hopste auf und ab.

„Mama, komm - du auch!", forderte sie ihre Mutter auf.

„Schatz, das geht nicht. Du weißt doch, dass du bald ein Schwesterchen bekommst. In meinem Bauch wird dem kleinen Mädchen schwindelig, wenn ich so hüpfe."

„Schade!" Anna umfasste die Beine ihrer Mutter, legte ein Ohr auf den gewölbten Bauch und streichelte ihn. „Hallo, kleine Pina, komm bald heraus, damit ich mit dir spielen kann."

Lara lächelte und strich ihrer Tochter mit der Hand liebevoll über das Haar. „Eine Weile musst du noch warten, mein Schatz."

„Bekommt Pina auch ein Geschenk vom Christkind?"

„Da lassen wir uns einfach überraschen. Einen Strampler könnte sie schon gebrauchen."

Anna nickte, holte mit ihrem Arm weit aus und zeigte mit einem Finger auf sich.

„*Ich* wünsche mir einen Kaufladen. Einen, in dem ich mich richtig reinstellen kann. Mama, ob das Christkind mir einen bringt? Ich habe den Kaufladen auf dem Wunschzettel auch extra aufgemalt." Annas Gesichtchen wurde rot vor Aufregung.

„Wenn du immer lieb gewesen bist, dann wird das Christkind bestimmt an dich denken."

„Ach Mama, ich kann es kaum erwarten. Es ist nur noch eine gro-
ße Kerze auf dem Adventskranz. Nur noch einmal die Kerze an-
zünden – dann ist Weihnachten." Die 4-Jährige hob die Arme hoch
in die Luft und wirbelte herum.

„Schau mal Mama, es schneit!", rief Anna begeistert aus und rann-
te zum Fenster, das Lara auf ihren Wunsch hin weit öffnete. Kalte
Abendluft strömte ihnen entgegen. Weiße Schneeflocken stieben
durch den Nachthimmel und begannen, die Dächer der gegen-
überliegenden Gebäude, Wiesen und Bäume mit weißem Zucker
zu bestäuben. Anna hielt ein Händchen aus dem Fenster und er-
wischte einige der zarten Eiskristalle. Lara hielt sie dabei gut fest.
Staunend betrachtete Anna die schmelzenden Schneeflocken in
ihrer Hand. Nachdem ihre Mutter das Fenster wieder geschlossen
hatte, sahen beide durch die Fensterscheibe dem Schneetreiben
zu und sangen das Lied „Schneeflöckchen, Weißröckchen".

„So, jetzt aber ab ins Bett! Morgen früh können wir gemeinsam mit
Papi einen Schneemann bauen, wenn genug Schnee gefallen ist.
Papi hat ab morgen einige Tage Urlaub."

„Ja, Mama. Das machen wir." Anna drückte ihrer Mutter einen di-
cken Kuss auf die Wange. „Du bist die beste Mama der Welt",
hauchte sie.

Einen Tag vor Heiligabend musste Lara ins Krankenhaus. Die
Wehen hatten eingesetzt.

So nervös hatte Anna ihren Vater noch nie gesehen. Nachdem er
die Autoschlüssel endlich gefunden hatte, sprang das Auto zu-
nächst nicht an. Beinahe hätte Papi auch noch das Notfall-
Köfferchen von Mama vergessen. Während der Fahrt blieb Anna
still in ihrem Kindersitz, damit ihre Mutter keine weitere Aufregung
hatte. Es stellte sich heraus, dass die Geburt doch nicht unmittel-

bar bevorstand, Lara aber über die Feiertage vorsichtshalber im Krankenhaus bleiben sollte.

Tränenreich verabschiedete sich Anna von ihrer Mutter. Lara flüsterte ihrem Mann etwas ins Ohr und deutete mit dem Kopf in Annas Richtung. Konrad beruhigte sie mit den Worten: „Ich schaffe das schon."

Anna war traurig, dass Mama Weihnachten nicht zuhause sein konnte. Sie wollte in der Zeit, in der sie alleine mit Papi war, artig sein. Mama hatte es sich gewünscht. Auf der Rückfahrt stimmte ihr Vater einige Kinderlieder an, um Anna von ihrem Kummer etwas abzulenken und versprach, dass sie am 1. Weihnachtstag beide auch Mama im Krankenhaus besuchen würden.

„Papi, kommt das Christkind morgen denn auch zu mir, wenn Mama nicht zuhause ist?"

„Wenn du weiterhin lieb bist, bestimmt!"

Erleichtert atmete Anna aus.

„Willst du denn jetzt nicht ins Bett gehen, damit das Christkind genügend Zeit für die Vorbereitungen hat?", fragte ihr Vater nach.

„Ja, Papi, ich will es versuchen - aber ich bin noch gar nicht müde", antworte Anna.

„*Das* kann ja heiter werden", murmelte ihr Vater leise.

Anna ging folgsam ins Kinderzimmer und legte sich in ihr Bett. Sie kuschelte sich an ihren Papi, während er ihr ein Weihnachtsmärchen vorlas. So war es richtig gemütlich für Anna.

„Mach die Augen zu und schlaf schön, mein Kind", flüsterte er ihr zu, als er das Kinderzimmer wieder verließ.

„Ach herrje, ich muss noch den Weihnachtsbaum schmücken und die Geschenke darunter legen bzw. auch noch aufbauen. Ich habe es Lara versprochen", stöhnte Konrad. Er ging in die Küche, entnahm dem Kühlschrank eine Flasche Bier und setzte sich ins Wohnzimmer. So wollte er warten, bis seine Tochter fest eingeschlafen war. Schließlich wollte er den Weihnachtszauber der Kindheit nicht zerstören.

Bereits nach kurzer Zeit hörte er trippelnde Schritte auf dem Parkettboden im Flur. Dann stand Anna im Wohnzimmer und rieb sich die Augen.

„Papi, ich habe noch Durst, kann ich auch etwas trinken?"

„Aber sicher, mein Kind", sagte er freundlich und reichte ihr ein Glas mit Milch.

„Danke, Papi! Kommt das Christkind auch bald?"

„Ja, aber nur, wenn du auch schön schläfst."

Konrad begleitete seine Tochter wieder ins Kinderzimmer, deckte sie im Bett gut zu und gab ihr einen Gute-Nacht-Kuss.

„Jetzt aber schön schlafen, ja!?"

„Ja, ich hab dich lieb, Papi und - die Mama auch."

„Mama ist ja bald wieder bei uns. Sie schläft sicherlich auch schon. Schlaf jetzt!"

Konrad hatte sein Bier ausgetrunken und wollte die Baumkugeln aus dem Schrank holen, als sich die Türklinke der Wohnzimmertür leicht bewegte.

„Papi, ich kann dich gar nicht sehen!", rief seine Tochter, die vermutlich durch das Schlüsselloch geblickt hatte.

Genervt öffnete Konrad die Tür.

„Anna, komm mal her! Durch Schlüssellöcher schaut man nicht! Ich werde dir mal die Geschichte vom *Matschauge* erzählen, dann weißt du auch, warum." Anna nahm auf Konrads Schoß Platz, als er begann:

Es war einmal ein Junge. Der war furchtbar neugierig. Er liebte es, durch Schlüssellöcher zu schauen. Eines Tages lag eine Fußmatte vor der Tür. Der Junge wollte wieder durch das Schlüsselloch gucken, rutschte auf der Fußmatte aus und fiel mit dem Auge auf die Türklinke. Das tat sehr weh, und am anderen Tag war sein Auge ganz blau und grün und so furchtbar zugeschwollen, dass er damit kaum etwas sehen konnte. Als die anderen Jungs in seiner Nachbarschaft ihn sahen, hänselten sie ihn und riefen: „Matschauge, Matschauge!" Und jeder wusste, dass er durch Schlüssellöcher gesehen hatte.

„Willst du auch so ein *Matschauge* haben wie es der Junge bekam, Anna?"

„Nein, Papi, das will ich nicht. Ich will kein *Matschauge* haben!", jammerte Anna. Tränen rannen über ihre Wangen. „Ich will kein *Matschauge* haben!", wiederholte sie schluchzend. Konrad nahm seine Tochter tröstend in den Arm.

„Ich glaube, dass du kein *Matschauge* bekommen wirst, weil du nie mehr durch Schlüssellöcher gucken wirst, nicht wahr? Was soll denn sonst auch das Christkind denken, wenn es dich mit einem blauen Auge sieht?" Vorsichtig tupfte Konrad ihre Tränen mit seinem Taschentuch ab.

„Ja, Papi, ich gucke nie mehr durch Schlüssellöcher, versprochen!" Konrad nickte, drückte sie an sich und gab ihr einen Kuss.

„Ist ja alles gut, mein Kind! Wir denken jetzt lieber an Mama und dein Geschwisterchen und freuen uns auf das Christkind, das zu braven Kindern kommt. Ein kleines Lied darfst du dir noch aussuchen, was wir gemeinsam singen werden, und dann geht es aber schnell ins Bett!"

Anna wählte das lustige Lied *„In der Weihnachtsbäckerei"* und konnte danach auch wieder lachen.

Konrad nahm seine Tochter an die Hand, um sie erneut ins Bett zu bringen.

„Kann ich noch Pipi machen?"

Konrad blickte flehend gen Himmel.

„Ja, aber dann ist hier endgültig Schluss für heute!"

Die folgende Stunde entspannte sich Konrad in der Badewanne. Er wollte ganz sicher sein, dass seine Tochter auch wirklich schlief, bevor er ungestört mit dem Aufbau des von Anna herbeigesehnten Kaufladens beginnen konnte. Danach schmückte er den Weihnachtsbaum mit all den von Lara bereitgestellten Kugeln und Lichtern. Auch durfte er kein Geschenk für seine Lieben vergessen.

Das Weihnachtszimmer wollte er bis zum Abend abschließen, um dann mit einem Glockenklang das Christkind für Anna anzukündigen. Konrad freute sich auf Annas strahlende Augen bei der Bescherung, wenn sie den glitzernden Weihnachtsbaum ehrfurchtsvoll bestaunte und mit zarter Stimme Weihnachtslieder sang.

Nach getaner Arbeit gönnte sich Konrad noch ein kühles Bierchen. Er vermisste Lara. Bald würden sie zu viert sein. Das war sein Weihnachtsgeschenk.

Zufrieden blickte er auf den geschmückten Weihnachtsbaum.

Er hatte es geschafft! *Copyright Angelika Stephan*

Angelika Stephan: „Schneelandschaft"

Acryl mit Struktur und Tiffanyglas auf Leinwand

50 x 50 cm, 2012   © Angelika Stephan (Bild und Foto), 2012

213

XXIII.
Marlies Strübbe-Tewes

Kater Ernies Weihnachtstraum

Stundenlang zieht er durchs Haus

der Bratenduft vom Weihnachtsschmaus.

Truthahn, zart und mild gegart

mit Füllung nach des Hauses Art.

Menschen glauben stets daran,

dem Braten nichts passieren kann.

Alles sei für sie gemacht,

doch Katerkumpels, nun gebt acht:

Geduldig warten …

Wenn alle singen unterm Baum,

schleich ich sachte durch den Raum,

der Knusperbraten lockt mich an,

und ich zeige, was ich kann:

Mein leises Schmatzen hört man kaum,

es erfüllt sich jetzt − mein Katertraum!

Den Truthahn −

oh Weihnachtsglück,

zerleg' ich –

Stück für Stück!

Marlies Strübbe-Tewes: „Mein Kletterbaum"

Fotografie aus dem Jahr 2015.   © Marlies Strübbe-Tewes 2015

Der Baum

(verkürzter Auszug aus dem Buch)

Kater Ernie – Personalchef mit Schnurrbart

Es ist kühl, Nieselregen. Mir fehlt die rechte Lust ein zweites Mal durch das nasse Gras zu tapsen, um in meinem Revier nach dem Rechten zu sehen. Auf dem Terrassenstuhl habe ich mich eingerollt. Dad ist mit dem großen Wagen fort gefahren, jetzt höre ich, wie er die Heckklappentür öffnet, also ist er wieder da. Anstatt die Wagentür zuzuschlagen, quietscht das Gartentor, ungewöhnlich, ich richte mich auf. Mühsam schleppt Pa einen Baum über die Wiese, einen eingeschnürten Baum in einem weißen Netz. Was soll das denn? Er stellt das Stammende in einen halb mit Wasser gefüllten Putzeimer hinter meinen Stuhl. Komisch, ein gefangener Baum im Wassereimer! Sollte das etwas bedeuten? Hat er mir etwa einen neuen großen Kletterbaum besorgt? Das muss ich sofort ausprobieren. Baum, ich komme! Mühsam versuche ich Halt zu finden auf dem dünnen glatten Eimerrand. Meine Hinterpfoten rutschen ab, mein Hinterteil landet in dem kalten Wasser. „Igitt!"

„Ernie, das ist nichts für dich, da kannst du nicht herumklettern, das ist unser Weihnachtsbaum. Er wird dir bestimmt gefallen, wenn wir ihn ins Wohnzimmer geholt und geschmückt haben." Ma steht auf einmal neben mir, mit irgendeinem Tuch reibt sie mich trocken. Weihnachtsbaum, was soll das nun wieder bedeuten ... doch, er würde mir gefallen, also etwas für mich! Vielleicht muss ich nur warten bis ich ihn erklettern kann. Ich richte mich erneut auf meinem Terrassenstuhl ein. Ich warte und warte. Dämmerung zieht auf, ich muss noch einmal unbedingt mein Revier abschleichen. Wieder ist nichts passiert, als ich zurückkomme. Ausgiebig beschnuppere ich den Baum, er riecht sehr gut. Am nächsten Tag und an den Tagen darauf geschieht ebenfalls nichts. Der gefangene Baum steht immer noch genau so im Eimer, wie ihn Dad hinein manövriert hat. Er gehört jetzt wohl zur Terrasse und ich beachte ihn nicht mehr.

Das Wetter wird nicht besser. Jedes Mal, wenn ich die Wiese überquert habe und unter den Sträuchern her gehuscht bin, muss ich meine Pfoten gründlich putzen. Winter gefällt mir nicht. Jetzt warte ich darauf, dass jemand die Terrassentür öffnet, damit ich ins warme Haus verschwinden kann. Endlich, Pa kommt. Zu meinem großen Erstaunen hebt Pa den Baum aus dem Eimer und setzt den Stamm in einen Ständer. Nun schleppt er ihn ins Wohnzimmer. Ah, es passiert doch etwas! Pa nimmt eine große Schere und schlitzt das weiße Netz von oben bis unten auf. Der Baum ist frei! Er schüttelt sich und streckt seine Zweige. Es ist ein Baum mit Nadeln, wie mein Versteckbaum im Vorgarten. Ein Winterkletter- und Versteckbaum im Haus für mich! Das ist toll, ich kann es kaum fassen und laufe im Wohnzimmer hin und her. Die ganze Familie ist versammelt, Ma, Pa, Christian und Anna. Anna wohnt nicht mehr bei uns im Haus, sie hat eine eigene Wohnung. Von „Ach-du-blöde-Katze" bis „Ernieken" denkt sie sich immer neue Namen für mich aus, wenn sie kommt. Jetzt nimmt sie mich auf den Arm und streichelt mich. Genug! Ich will wieder auf den Boden, ich muss zu meinem Baum. Er hat ganz weiche Nadeln, sie pieken gar nicht. Gerade strecke ich meine Vorderpfoten zu dem dünnen Stamm, zieht mich Anna fort. „Ernie, das ist nicht dein Baum, das ist unser Baum, und jetzt gehst du weg hier, du störst!" Was soll das denn heißen? Anna bringt mich in die Küche, setzt mich auf die Bank. Hier will ich nicht bleiben! An Anna vorbei sprinte ich ins Wohnzimmer und lande in einem Berg von kleinen Kartons. Die Schachteln purzeln durcheinander, ein Deckel springt ab und kleine bunte Figuren schlittern über die Fliesen. Erschrocken springe ich zur Seite. „Alles gut, Ernie, nichts kaputt gegangen", Christians Stimme wirkt beruhigend. Unauffällig nehme ich in der Bücherecke Platz, ich muss beobachten, was jetzt alles passiert.

Neben dem Baum steht eine Leiter. Anna klettert mit einer grünen Schnur in den Händen die Stufen nach oben. Menschen brauchen immer Leitern zum Klettern, dabei ist Klettern doch so einfach! Christian macht sich an den verschiedenen Schachteln zu schaffen, Ma und Dad verlassen das Wohnzimmer. Pa hat Musik mit Glöckchenklingen aufgelegt, Anna summt mit. „Mein Gott, singst du wieder schräg ..." Mit in die Seite gestützten Armen schaut Christian sie an. „Ist doch egal!", kommt es von Anna zurück, sie schmettert laut den Text und wippt auf der Leiter hin und her. „Hör auf!", schreit Christian halb ärgerlich halb ängstlich. „Meckere hier nicht rum, kleiner Bruder, gib mir mal lieber die restliche Kerzenschnur an und dann die Figürchen!" –

„So nicht mit mir!" - Christian lässt sich demonstrativ auf der Couch nieder. Wenn Christian und Anna zusammen sind, dann reden sie oft heftig miteinander. So auch dieses Mal. Doch dann ist plötzlich wieder alles ganz anders. Christian pfeift leise zu der Melodie, während er Anna bunte Figuren angibt, die sie im Baum verteilt. Immer mehr bunte Sachen hängen am und im Baum. Ich bin begeistert! Jetzt bekomme ich nicht nur einen Kletterbaum, sondern sogar einen Kletter-Spielbaum. Ich kann nicht anders, ich muss einfach laut schnurren!

Die Leiter wird weggeräumt, die leeren Schachteln finden Platz in einem großen Karton, Christian trägt ihn fort, die Glöckchenmusik schweigt. Anna verabschiedet sich. Mein Baum ist fertig! Vorsichtig nähere ich mich, wie er duftet, und so viele tolle Sachen! Mit der Pfote stupse ich einen Stern an, fröhlich schwankt er hin und her. Im Ständer ist Wasser, Pfoten weg! Die Zweige sind ziemlich dünn, ob sie mich tragen? Lang machen und den untersten Zweig versuchen. Einige der angehängten Figuren klackern auf die Fliesen. Ma kommt, hängt sie wieder auf. „Ernie, du darfst nichts kaputtmachen, und du darfst auch nicht in den Baum klettern!", Mas Stimme ist streng. Aber es ist doch mein Baum!

In den nächsten Tagen pendle ich immer wieder mit der Pfote die kleinen Figuren an, die ich im Sitzen oder Strecken erreichen kann. Wunderbare Spiele. Meist wippen sie so stark, dass sie das Gleichgewicht verlieren und auf die Fliesen fallen. Irgendjemand kommt und hängt sie wieder auf. Wunderbare Spiele, ich bin sehr zufrieden und richte mir meinen Lieblingsplatz unter dem Baum ein. Die breite, rote Figur ziemlich oben im Baum interessiert mich sehr, irgendwann werde ich sie mir holen.

Am späten Nachmittag fahren alle fort. Es riecht verführerisch gut im ganzen Haus, am allerbesten in der Küche. Hier rolle ich mich auf der Bank ein und träume von dem leckeren Braten, der mir schon so viele Stunden in die Nase zieht. Ein unruhiges Treiben beginnt, als meine Familie wiederkommt. Anna mit ihrem Mann, Oma und Opa – alle sind da, versammeln sich im Wohnzimmer. Heute muss ein besonderer Tag sein. Nur keine Eile, denke ich, erst einmal strecken, einen Buckel machen und ausgiebig gähnen, dann aber hinterherlaufen! Ich erstarre, mein Baum brennt! Ganz viele kleine Flammen leuchten! Aber niemand tut etwas gegen das Feuer! Im Gegenteil: Alle sind fröhlich, umarmen sich, wünschen sich eine *„Frohe Weihnacht"*. Ganz vorsichtig schleiche ich mich an den Baum. Die kleinen Flammen sind nicht heiß. Neugierig schnappe ich nach ihnen. Der Zweig wackelt, die Schnur mit den vielen kleinen Flammen zittert, mehr passiert nicht. Dieses Feuer ist harmlos, etwas zum Spielen. Ich bin begeistert, das ist mein Tag! Mit einem gekonnten Satz springe ich in den Baum.

Der Stamm schwankt, mein buntes Spielzeug regnet auf die Flie-
sen, Oma schreit, die grüne Lichterkette schwingt in einem weiten
Bogen zu Boden. Nur die dicke rote Figur pendelt unbeeindruckt
im Takt über meinem Kopf. Zorn steigt in mir auf, ich wage noch
einen Sprung nach oben. Der Baum kippt. Meine Menschen
schreien und rufen, Christian fängt den Baum auf. Ich hechte in die
Bücherecke. Was für ein komischer Baum, ein Kletter-Spielbaum,
der einfach umfällt. Dad holt die Leiter, Draht, Hammer, Nagel.
Den Nagel schlägt er in den Deckenbalken, die Baumspitze umwi-
ckelt er mit dem Draht, den er an dem Nagel befestigt. Er überprüft
die Standfestigkeit des Baumes. „Jetzt kann er nicht mehr kippen!"
Pa ist mit seinem Werk zufrieden. Ma, Christian und Anna lesen
die Figuren auf, hängen sie wieder in den Baum. Die Lichterkette
wird gerichtet. Ich schiele auf die dicke rote Figur, ich glaube, sie
grinst mich an. Warte, irgendwann werde ich dich holen …

Kater Ernie: Warten auf den Nikolaustag

Dezember zeigt der Kalender,

Samtschleifen zieren Geländer,

Plätzchenduft zieht durch das Haus,

wir warten auf den Nikolaus.

Bestimmt kommt er zu dir,

doch ganz sicher erst zu mir!

Denn ich, dein Kater, war stets brav,

gab dir von meiner Beute ab.

Denk an die große, graue Maus,

die ich zu dir trug in dein Haus.

Erinnre dich an Nachbars Fisch,

ich schleifte ihn zu uns'rem Tisch.

Das ganze Jahr, ich zeigte dir,

Kletterkunst und Tricks von mir.

Im Mammutbaum, auf höchstem Ast,

den weißen Wolken nahe – fast.

Im Haus, mit elegantem Satz,

nahm ich auf deinem Schreibtisch Platz.

Ordnungsliebend sortiert' ich hier

dein gesamtes Manuskriptpapier.

Nikolaus, wir warten hier,

komm mit prallem Sack zu mir.

Bestimmt bringst du mir heute,

all deine Futterdosenbeute.

Belohnst mich, den Katerheld,

den liebsten Schnurrer dieser Welt!

Und für mein Zweibein,

Nikolaus, ich bitt dich sehr,

bring mir eine Dose mehr

Marlies Strübbe-Tewes: „Warten auf den Nikolaus"

Fotografie aus dem Jahr 2015. © Marlies Strübbe-Tewes, 2015

XXIV.
Talira Tal

Ein unvergessliches Weihnachtsfest

Dicke Schneeflocken tanzten vor meiner Nase. Kurz zuckte meine grau getigerte Tatze nach den Flöckchen. Erinnerungen an früher, als ich ihnen nachjagte, kamen in mir hoch. Irgendwann hatte ich begriffen, dass ich lediglich die Glasscheibe treffen würde und meine Versuche vergebliche Liebesmüh waren.

So blickte ich den immer größer werdenden Flocken nach, wie sie auf die Fensterbank fielen und sich in kleinen Pfützen auflösten. Bei diesem Anblick verspürte ich Durst. Ich sprang von meinem Lieblingsplatz, der die Nachtspeicherheizung war, herunter, um mich mit Wasser und Futter zu stärken. *Bah, wieder nur Trockenfraß.* Ich seufzte.

Nach meiner kargen Mahlzeit überlegte ich mir, wie ich den Tag, außer nach Schneeflocken zu gucken, verbringen könnte.

Mein Dosenöffner, wie ich die alte Gabriele Hammer liebevoll nannte, musste wie fast jedes Jahr kurz vor Weihnachten täglich länger arbeiten.

Die Stimmen aus dem Radio riefen oft dazu auf, dass man sein Geld für dieses und jenes ausgeben sollte. *Alles unnütze Dinge* in meinen Augen. Wenn es vielen Menschen so erging wie der Frau, mit der ich mir eine Wohnung teilte, war auch nicht mehr viel Geld vorhanden.

Mein ganzes Leben wohnte ich jetzt schon bei der Dame und ich kann euch sagen, dass es mir nie an etwas mangelte. Okay, das Katzenfutter, genau wie ihre Kleidung, wurde mit den Jahren immer schlechter. Erst schob ich meine Geschmacksveränderung auf mein Alter. Ich hatte die fünfzehn überschritten und dachte, nun geht es bergab mit mir. Mein Dosenöffner tröstete mich und beichtete mir, dass wir seit dem Euro nicht mehr so viel Geld wie

227

früher zur Verfügung hätten. Euro, Teuro - Begriffe, mit denen ich nie besonders viel anfangen konnte. Fakt war: Ich bekam zweitklassige Kost und musste mich wohl oder übel damit abfinden. Einmal hatte ich mich aus Frust gewagt, einen Vogel auf dem Balkon ... ach, lassen wir das lieber. An das Donnerwetter von Dosenöffnerlein mochte ich mich nicht so gerne erinnern.

Von nebenan hörte ich ein lautes Stöhnen. Die alte Darnowski hatte ihren Mittagsschlaf beendet. Sie war älter als die gute Gabriele. Viele hundert Jahre glaube ich jedenfalls. Sie sah ganz verknittert aus und benahm sich merkwürdig. *Ob ich nach hundert Jahren auch solche Marotten an den Tag legen werde?*

Ihr *„Hilfe!"*, machte mich stutzig. Das Stöhnen und Wehklagen war ich gewohnt, aber ein „Hilfe" war bisher noch nicht vorgekommen.

Ich lief zu der Wand, die die Wohnungen voneinander trennte, und konzentrierte mich auf weitere verdächtige Geräusche.

„Hilfe!" Sie wimmerte und ich wusste, dass es dieses Mal keine alltägliche Gewohnheit war. Sie brauchte tatsächlich Hilfe. *Denk nach, denk nach!*

Unruhig lief ich in unserer Wohnung auf und ab. *Was kann ich nur anstellen, um der alten Dame zu helfen?* Ihr Wimmern zerriss mir fast das Herz.

Der Postbote klingelte und ich betete inständig, dass er etwas von Frau Darnowskis Not mitbekam. Ich hörte, wie sich die Tür des griesgrämigen Lorenz, der unter uns lebte, öffnete. *Vielleicht wird er die alte Dame auch wimmern hören.* Aber lediglich sein Genörgel hallte im Hausflur wider.

Rums! Lorenz hatte seine Wohnungstür ins Schloss fallen lassen. Kennen Sie eigentlich auch Menschen, die sich über alles und jeden aufregen? So ein Typ war dieser Miesepeter. Seine Kinder besuchten ihn nur selten, und dann schrien sie sich immer an.

Sollte dieser Fleischsack wirklich meine einzige Chance sein, der alten Dame zu helfen? Und wenn ja, wie sollte ich ihn dazu bringen? Außer seinen Gram nahm der doch sowieso nichts wahr. Aber es war meine einzige Chance. Ich musste ihn animieren, zu mir in den ersten Stock zu kommen. *Eher würde der Mond bei Aldi einkaufen gehen,* flüsterte mir eine pessimistisch klingende Stimme in meinem Kopf zu. Aber darauf konnte ich jetzt nicht hören. Das Wimmern nebenan war leiser geworden und trieb mich zur Eile an.

Ich sprang auf das Sideboard, drückte gegen die schwere Porzellanvase und wusste in diesem Moment, als die Vase herunterfiel, dass mein Dosenöffner wegen der Vase genauso viel Tränen vergießen würde wie sich Wasser in ihr befand.

Es schepperte wie verrückt. Um dem Ganzen noch die Krone aufzusetzen, schob ich Buch für Buch vom Schrank und sah zu, wie sie polternd das Missfallen des ollen Griesgrams schürten.

Ich gab nicht eher Ruhe, bis ich seine Schritte im Flur vernahm, gefolgt von heftigem Klopfen an unserer Tür und einem grollenden: „Was treiben Sie darin? Ich will meine Ruhe haben. Hören Sie sofort auf oder ich beschwere mich bei der Hausverwaltung."

Ich sprang von dem Sideboard herunter, lief zur Tür und maunzte aus voller Lunge, um den Stiesel noch eine Weile auf unserer Etage zu halten.

Während ich Luft holen musste und sich seine Schritte wieder entfernten, hörte ich Frau Darnowski lauter rufen: „Hilfe, bitte helfen Sie mir doch."

Endlich! Hoffentlich hatte der Bollerkopf es auch gehört. Ich weiß ja, dass mein Gehör um einiges besser funktioniert wie das der Menschen. Aber er schien es tatsächlich wahrgenommen zu haben, denn seine Schritte wandten sich zu der Nachbarwohnung. Wie gut, dass ich mich auf mein feines Gehör verlassen konnte.

Lorenz klopfte, und ich hörte Frau Darnowski rufen: „Ich bin ausgerutscht und kann nicht mehr aufstehen. Ich brauche einen Arzt."

Das war ihr also widerfahren.

„Warten Sie! Ich rufe den Notarzt", sagte der immer Schlechtgelaunte. Es waren die ersten Worte, die ich von ihm hörte, die nicht missgünstig oder verbittert klangen.

Von da an ging alles sehr schnell. Von meinem Lieblingsplatz am Fenster konnte ich beobachten, wie ein Rettungswagen mit Blaulicht vorfuhr. Zwei Sanitäter nahmen die alte Frau Darnowski auf einer Trage mit.

Was für ein spannender und aufregender Tag. Am liebsten hätte ich die ganze Geschichte meinem Dosenöffner erzählt, als sie müde und spät nach Hause kam. Leider beherrsche ich die menschliche Sprache nicht ansatzweise. Zu meinem Pech musste ich mir auch noch eine saftige Gardinenpredigt anhören, die sich wirklich gewaschen hatte.

Wie ich vermutet hatte, weinte sie bittere Tränen wegen der Vase. Ich durfte sie noch nicht einmal trösten. Sie stieß mich wütend weg und drohte mir sogar, mich in ein Tierheim zu stecken. *Undank ist der Welten Lohn.* Das würden ja tolle Weihnachten werden.

***

Die kommenden Tage sprach mein Dosenöffner kein einziges Wort mit mir. Die ganze Zeit dachte ich viel über die alte Darnowski nach. Ob sie je in ihre Wohnung zurückkommen würde?

Heiligabend kam meine Dienerin eher von der Arbeit nach Hause. Gutgelaunt bereitete sie mir mein Fressen zu und streichelte zum ersten Mal wieder meinen Kopf. Oh, wie ich das vermisst hatte.

„Ich bin zwar noch wegen des Erbstücks von Oma traurig, aber heute ist Weihnachten. Das Fest der Liebe."

Ich drückte meine Schnauze an ihre Hand und war selig, dass sie mir endlich nicht mehr böse war.

Die Türglocke schellte. Wegen dieser Störung hätte ich fast gefaucht. Es war gerade so himmlisch.

Mein Dosenöffner ging zur Tür und kehrte mit der alten Darnowski, die sich auf einem Gehwägelchen abstützte, zurück in unsere Wohnung.

„Was sagen Sie da, Frau Darnowski? Sie haben es meiner Susi zu verdanken, dass Herr Lorenz Sie gefunden hat?"

„Aber sicher doch, Frau Hammer. Wenn Ihre Katze nicht so randaliert hätte, hätte ich mir wahrscheinlich auf den kalten Fliesen eine Lungenentzündung geholt. Ich wollte mich bei ihr bedanken."

Sie reichte Gabriele ein Geschenk. Sollte das wirklich für mich sein?

Dosenöffnerlein schien fassungslos und ganz aus dem Häuschen. Sie blickte mich fragend an, und ich konnte eindeutig den Stolz in ihren Augen erkennen.

Sie öffnete mein Geschenk und beförderte zwei Dosen exklusives Katzenfutter zu Tage. Thunfisch und Kalb in Aspik, beides meine Lieblingssorten.

„Guck mal, Susi."

Mein Geschenk und die freudestrahlende ältere Dame rührten mich, so dass ich meinen Kopf an ihrem Bein rieb.

„Ich bin ehrlich gesagt sprachlos, Frau Darnowski", hörte ich meinen Dosenöffner sagen.

„Ja, das glaube ich Ihnen gerne, Frau Hammer. Sie haben eine kleine Heldin."

Zu meinem großen Glück lud Gabriele die nette Nachbarin ein, Weihnachten mit uns zu feiern. Es wurde ein geselliger Abend und vor allen Dingen ein Spannender. Frau Darnowski erzählte viel von früher, auch von ihren Katzen, die leider schon lange tot waren.

Die Türglocke unterbrach ihre Geschichten und ich war gespannt, wer da heute noch zu uns stoßen wollte. Zu meiner Überraschung war es der griesgrämige Lorenz. Er hielt zwei Päckchen in der Hand. *Noch mehr Geschenke für mich, klasse!*

Ich lief ihm freudig entgegen. Lorenz wich einen Schritt vor mir zurück. „Na, du bist also die Krawallbiene."

Biene? Hatte ich richtig gehört? Wie konnte mich dieser Fleischsack so beleidigen? Ich hasste Bienen, denn die waren noch schlimmer als Fliegen.

Empört drehte ich mich um, wollte mich in einer Ecke verkriechen und schmollen.

Ich hörte noch die freudigen Laute, als der unerwünschte Kerl meine Geschenke an die beiden Damen verteilte. Seit wann freuten die sich so sehr über Katzenfutter? Meine Neugierde war geweckt und die war manches Mal stärker als mein Stolz.

Ich kehrte zurück ins Wohnzimmer und fand ein Bild vor, das ich wohl nie mehr vergessen werde. Beide Frauen hatten jeweils ein Geschenk geöffnet. Mein Dosenöffner hielt eine neue Vase in den Händen und die alte Darnowski eine CD.

„Oh du fröhliche", klang aus der Stereoanlage und ich sah allen Dreien an, wie glücklich sie waren. Sogar der olle Lorenz lächelte

zufrieden. Manchmal geschehen in der heiligen Nacht wirklich Wunder, denn das war es eindeutig. Ein Wunder, weswegen ich mich immer an dieses wundervolle Fest erinnern werde. Aber am allerbesten war mein üppiges Festmahl. Es gab als Hauptgang Kalb in Aspik und als Nachtisch servierte mir mein heißgeliebter Dosenöffner noch den Thunfisch.

Als alle zu Bett gegangen waren, angelte ich noch die Kugeln vom Tannenbaum, die ich erreichen konnte. Ich sag euch, schöner kann Weihnachten gar nicht sein.

XXV.
Christine Teichmann

Winter

Wenn es draußen dunkel wird und der Himmel schneeverhangen, kehren meine Gedanken an ferne Plätze zurück, an denen mein Körper noch nicht war.

Ich habe noch nie Jambalaya gegessen. Keinen Wüstenwind durch mein Haar streichen gespürt. Keiner Brandung an der Steilküste gelauscht und doch, wenn der Frost an den Mauern meines Hauses nagt, lasse ich mir die Namen fremder Orte auf der Zunge zergehen, rühre sie in meine Tasse heißen Tees, bis er nach exotischen Früchten und salzigen Meerestropfen, nach Gipfelkristallen und Mangrovenwäldern schmeckt. Mein Finger fährt über die bunten Blätter der Atlanten, bleibt kurz zwischen Connemara und Glendalough, fliegt nach Tegucigalpa und Asunción, besucht Radschastan und Kirgisien, segelt den Jangtsekiang hinauf und den Brahmaputra hinunter.

Immer wenn die Winternebel sich auf meinen Garten und mein Gemüt legen, koste ich die Sonne ferner Länder in einer Mandarine, die mir Sankt Niklas in den Stiefel legt.

Hin und wieder schleiche ich hinter meiner Katze auf den Dachboden und sehe nach, ob die Koffer noch, von feinen Spinnweben bedeckt, unberührt unter der Dachschräge lauern. Ein Vorhängeschloss schützt mich vor dem Inhalt der Seemannstruhe, niemand weiß, was darin herangewachsen ist. Vor Jahren habe ich meine Träume fein säuberlich hineingepackt und den schweren Deckel verschlossen. Wenn der Wind am Gebälk rüttelt und durch den Kamin pfeift, schleichen die Schatten dieser Träume durch eine undichte Fuge und sickern die Ritzen des Fußbodens entlang in mein Zimmer. Im Schlaf kann ich sie riechen, manchmal jage ich ihnen nach, aber so tief schlummere ich nie, als dass ich mich sie erwischen lassen würde.

Der nächste Morgen dämmert weißlich-grau und erlöst mich aus der Umarmung meiner Kissen. Ich habe aufgehört zu genießen, dass kein Wecker und kein Kindergeschrei mich aus dem Schlaf reißen; schon lange vor dem ersten Licht liege ich wach und spekuliere dem neuen Tag entgegen. Aber erst wenn die Möbel Konturen annehmen, ordnen sich meine Gedanken meinem Willen unter und lassen sich in erträgliche Bahnen lenken. Dann darf ich wieder meine harmlosen Papierreisen unternehmen; an guten Tagen erlaube ich mir sogar den Blick in das Schaufenster eines Reisebüros. Die Südseestrandbilder öffnen die Tür in die flimmernde Ferne zwar einen Spalt, aber wenn ich mich rechtzeitig besinne, lässt sie sich ganz leicht wieder zuziehen, bis wieder Sicherheit eingekehrt ist.

Nichts soll seine geordnete Bahn verlassen. Keine Kaffeetasse darf von ihrem, ihr bestimmten Platz verschoben, kein Gedanke verrückt werden. Wenn ich mich mit beiden Händen an mir selbst festklammere und einen Fuß wohlüberlegt vor den anderen setze, komme ich durch jeden Tag.

Ein einziges Mal habe ich mich fort gewagt, bin auf der Suche nach Abenteuer und Aufregung einen Schritt zu weit gegangen und noch ehe ich das Ende meiner Leine erreicht hatte, zerrte mich ein unbestimmtes Gefühl zurück.

Nichts war, wie ich es verlassen hatte, am wenigsten ich selbst. Mein Mann und mein Kind, deren ich mich nur für einen Herzschlag wirklich entledigen wollte, waren aus meinem Leben gewichen.

Wenn der Wind um mein Haus fegt und unheimlich in die Nacht heult, so getraue ich mich doch nicht, die Eingangstür abzuschließen. Eines Abends werden sie zurückkehren und dann sollen sie nichts versperrt finden. Ich selbst warte hier, rücke nicht von der Stelle, drehe ihnen nicht einmal meinen Rücken zu, sie könnten sonst vorüber gehen, wenn sie mich nicht wieder erkennen.

Mein Finger wandert weiter über die bunten Seiten der Atlanten, ich schlürfe meinen Tee und ziehe die Decke über meine Knie. Meine Katze legt sich über meine Füße, und doch kehrt keine Behaglichkeit ein.

Präambel:

Es ist bald Weihnachten.

Literatur lässt Lücken

wir schreiben Auslassungszeichen

wir bitten Euch, Eure Gedanken

Eure Bilder

Eure Phantasien einzusetzen

Nur der hohe Einsatz bringt den hohen Gewinn

und nur wer riskiert, verliert.

verliert Gedanken

um Einsichten zu gewinnen.

Literatur lässt Löcher

zum Entleeren des Gedankentopfes

ein Überdruckventil für überschäumende Unzufrieden-
heiten

unzulänglich übergreifende Urgenzen

unzüchtige Ungereimtheiten

Die Literaturtour tourt heute durch deine Gedankengänge

setzt semantische Sprengsätze

sprengt denkfaule Gedankenfallen   >Pow!<

Literatur lässt Lücken

(Stille)

alternativ kann ich Euch auch eine Geschichte erzählen, die fängt an mit:

„Es war einmal…"

und schon lehnt Ihr Euch zurück

rückt die Polster zurecht

und denkt an Eure Oma.

Dabei wurde in den USA eine Ausgabe von Rotkäppchen beschlagnahmt,

weil das Kind seiner Großmutter Kuchen und WEIN bringt.

Es ist zum Weinen.

Warum kann Rotkäppchen nicht koffeinfreien Kaffee ohne Zucker, dafür mit laktosefreier garantiert genmanipulierter Sojamilch bringen? Dann wäre doch die Welt in Ordnung und es wird erst ab sechzehn geküsst: zuerst Autofahren, dann Sex. Wir wollen doch die richtige Reihenfolge einhalten.

Wir halten an.

Die Literaturtour stoppt.

Denn:

Es ist Winter geworden

    wir schlagen den ersten Bockbierbottich an

    wir schlagen die ersten Thesen an

    wir backen gaaaanz kleine Gemeinplätzchen

auf unseren Weihnachtsgrußkarten sind süße Kätzchen

mit roten Zipfelmützen

auch wenn das Christkind hierzulande seine Haare offen trägt

flow it, show it, long as god can grow it, my ...!

Literatur lässt Lücken

du suchst das *hair* in der Buchstabensuppe

                im Gedankeneinerleibrei

Du schreibst einen Wunschzettel ans Christkind: Weltfrieden!

Wir wünschen via world wide web wahre Wunder

wir wissen was wir wollen

wir wollen was wir wünschen

wir wünschen was wir wollen

wir wandern wünschend wahre Wege

wir wärmen waghalsig wollüstige Werwölfe

Warum?

Literatur lässt …

wir sind sprachbegabt

und es begab sich, dass wir etwas zu sagen hätten

aber wir schweigen in der stillen Nacht

weil Weihnachten wummert

in den Kaufhausbässen

weil Weihnachten wimmert, wo wir warten

weil Weihnachten wägt, wie wenige Worte wir wollen

wenn wir wachen und weinen

Literatur lässt Lücken

wir schreiben Auslassungszeichen

wir bitten dich, deine Gedanken

     deine Bilder

      deine Phantasien einzusetzen

Die Literaturtour tourt heute durch deine Gedankengänge

   setzt semantische Sprengsätze

    sprengt denkfaule Gedankenfallen >Pow!<

Frohe Weihnachten!

XXVI.

Michel Vian

Das Märchenbuch

Weihnacht 1953

Im Zimmer herrscht rege Betriebsamkeit, manchmal wenn Georg die Ohren spitzt vernimmt er seltsame Geräusche. Es raschelt und es knistert auf sonderbare Weise. In der Küche fühlt er sich zwar wohl, aber sein Interesse galt den Vorgängen im Zimmer, das war aber Tabuzone und versperrt.

Mutter erzählte von einem Wunder, dass sich einst auf Erden zutrug, die Erinnerung daran sei der Grund des heutigen geheimnisvollen Treibens. Sie erzählt von der glücklichen Geburt des Jesuskindes, dem Erlöser. Um dieser Geburt zu gedenken, feiern wir Weihnachten.

Vater verschwindet mehrmals mit ernster Miene im Zimmer und sagt noch „Tu schön spielen, Schorschi!"

Georg etwas vereinsamt wusste nicht den Grund seiner Verbannung, da kam Mutter abermals und die Auflösung des Rätsels schien nahe, aber auch sie machte keinen weiteren Erklärungsversuch, stattdessen begab sie sich zum kürzlich erstandenen Elektroherd und löste damit die bisherige Stille ab. Georg durfte wie immer nur zusehen, nichts angreifen und sich ruhig verhalten, immer *„schön spielen"*, das war seine Aufgabe. Er hatte Hunger und so wie es aussah gab es bald Wienerschnitzel mit Reis und Gurkensalat. Mutter kochte stets hervorragend, doch weder Vater noch Georg wissen das richtig zu schätzen. Der Vater nörgelt ständig über das Dargebotene. Georg stimmt mit ein. Das letzte Mal über Erdäpfelnudeln, Mutter reizte das derart, dass sie die gesamte Pfanne mit dieser Köstlichkeit der Großmutter schenkte, da war aber die Enttäuschung groß und Vater sagte hinterher, sie seien ausgezeichnet gewesen, warum sie die guten Nudeln hergeschenkt habe, verstehe er nicht. Da war es zu spät und Mutter gekränkt, Sohn und Vater mussten mit einem Schmalzbrot vorlieb nehmen.

Heute sollte der Friede gewahrt bleiben. Der Vater lobte das Essen und Georg brabbelte mit, weil sie nicht wieder mit einem Schmalzbrot das Auslangen finden wollten. Doch nach dem köstlichen Mahl kündigen Vater und Mutter eine Überraschung an. Sie verschwanden beide im Zimmer und sobald die Glocke ertönt darf Georg eintreten, um zu sehen, ob das Christkind schon gekommen war. Gleich während des Eintretens fällt sein Blick auf eine wunderschöne Blaufichte, die bis zur Zimmerdecke reichte und mit Pralinen und Bonbons im rosa Fransenpapier behangen war. Dazu noch mit Bens Dorpschokolade, glitzerndem Glasschmuck und Wachskerzen. Der leuchtende Baum lässt Mutter das Lied *„Oh Tannenbaum, oh Tannenbaum"* anstimmen und Vater brummt dazu. Weitere schöne Weihnachtslieder folgten und zuletzt erklang *„Stille Nacht, heilige Nacht"*.

Georg quietschte vor Freude, er brabbelte. Es sind seine ersten Weihnachten, die er bewusst erlebt. Im Jahr davor staunte er den Baum an, erlebte Weihnacht aber nicht bewusst. Vater und Mutter haben viel Mühe und auch Geld aufgewendet, damit Weihnachten ein gelungenes Fest wird. Als die Lieder verklungen waren durfte Georg die Geschenke auspacken. Zuerst widmete er sich einem länglichen Paket, darin waren Schienen aus Aluminium, die er erstaunt in den Händen hielt, eine Lokomotive mit Tender und Wagon folgten. Eine aufgezogene Feder konnte den Zug um den Baum fahren lassen. Das faszinierte ihn. Im zweiten Paket, es war breit und flach, war ein beliebtes Kinderbuch. Georg war begeistert vom Christkind, das könnte bald wiederkommen. Schon der Anblick des Buches erfreute sein Herz auf besondere Weise. Ein junger, rot gekleideter Mann mit langen Fingernägeln und gelben Haaren, die ihn wie eine Korona umgaben, war am Einband zu sehen.

Doch am nächsten Tag wollte die Nachbarin wissen was er bekommen habe und Georg, der noch nicht lesen konnte zeigte ihr das Buch von dem er sehr angetan war. Doch die Nachbarin sagte nur: „Das Christkind hat dir nichts Gescheites gebracht, dieses Buch verführt dich nur zum Ungehorsam."

Der Vater hatte die Angewohnheit das Brennholz für den Zusatzherd auf besondere Weise zu zerkleinern. Er legte das Holzscheit schräg an den Türrahmen und trat kräftig darauf, wodurch es in der Mitte zerbrach. Georg sah das öfters und nach der Belehrung durch die Nachbarin und den Vater imitierend, machte er das Gleiche mit dem Struwwelpeter.

Weihnacht 1961

Mutter zog mit Georg zu einem Lebensgefährten. Nur einen kleinen Raum hatten die drei zur Verfügung und da kam noch ein kleines Brüderchen dazu. Weil Vater dem Alkohol zugeneigt war, verloren Mutter und Georg ihr Zuhause. Vater wurde immer gewalttätiger. Doch der Lebensgefährte war nur bedingt eine Lösung, er war nämlich auch Alkoholiker. Mutter war gezwungen diese Verbindung einzugehen um ein Dach für sie und Georg zu haben. Sie war eine einfache Frau, eine fleißige Fabrikarbeiterin, aber Lesen konnte sie kaum. Sie hatte Angst vor Büchern und Zeitungen, da könnte etwas drinnen stehen, was sie nicht verstand. So wurde Georg jedes Buch untersagt, wenn dann doch eines ins Haus kam wurde es dem Brüderchen in den Kinderwagen gereicht, damit es mit einer Schere die Seiten durchlöchere.

Auf diesem Boden wurde Weihnacht vorbereitet. Georg klagte schon seit langem, er hätte gern ein Märchenbuch, die Schulkollegen haben so tolle Märchen und Sagen, während er das alles nicht kennt.

Eine nette, kinderlose Nachbarin lud Georg zu einem Nachtisch ein. Es gab drei kleine Pfirsichspältchen. Georg unbeholfen und unhöflich wollte um Nachschlag bitten, er empfand es als Frechheit ihm drei Miniaturen vorzulegen, sozusagen den Appetit anzureizen, und ihn dann mit seinem Hunger allein zu lassen. Georg hatte Hunger, Hunger nach Märchen, Hunger nach Büchern. Alles das erzählte er der Nachbarin, nachdem er sie beschimpfte.

Der Heilige Abend rückte näher. Es wurde Wein und Bier mit dem wenigen Geld besorgt. Am Tag der Bescherung aßen die beiden ein Backhuhn im nahegelegenen Gasthaus. Den Baum putzte Georg in der Zwischenzeit auf. Als sie zurück waren wurden die Geschenke unter den Baum gelegt. Mutter und der Lebensgefährte bekamen Bekleidung und Georg ein flaches, breites Paket, mit einer unbekannten Beschriftung *„Die schönsten Märchen aus aller Welt"*.

XXVII.

Marcus Watolla

Weihnachtliche Polizeigewalt

Santa Claus hatte es eilig. Er hatte Verzug beim Verteilen der Geschenke und gab somit Gas. Die Rentiere jagten durch die Nacht und Santa sah immer wieder angestrengt auf seine Armbanduhr.

Plötzlich ein Schatten vor dem Schlitten.

Eine Person.

In Uniform.

Sie hielt eine leuchtende Kelle in der Hand und gab Santa Claus zu verstehen, dass er anhalten solle. Hart riss der Weihnachtsmann an den Zügeln und brachte das Gespann zum Stehen.

„Guten Abend. Allgemeine Verkehrskontrolle. Haben sie etwas getrunken?"

Santa sah den Beamten an, als käme der von einem anderen Stern. „Äh … nein."

„Wissen sie, warum ich sie anhalte?"

„Äh … keine Ahnung."

Der Polizist blickte ihn streng an. „Sie sind mit fünfzig in einer Dreißigerzone gemessen worden, mein Herr. Darf ich um Führerschein und Fahrzeugschein bitten?"

„Führerschein? Fahrzeugschein?"

„Ja", brummte der Beamte, „und dann pusten sie gleich auch mal."

„Hören sie, junger Mann", erboste sich Santa, „ich bin der Weihnachtsmann."

„So, so! Der Weihnachtsmann? Also haben sie doch getrunken?"

„Nein!"

„Dann bitte Führer- und Fahrzeugschein!"

Der Weihnachtsmann bekam einen hochroten Kopf. „So etwas habe ich nicht!"

„Dann ist ihr Wagen wohl gestohlen, was?" Das Kinn des Polizisten schoss warnend nach vorne. „Steigen sie mal aus."

Santa kam dem Befehl nach. „Hören sie, mein Herr. Ich muss doch die Geschenke austragen. Sonst fällt Weihnachten aus!"

Der Polizist ging um den Schlitten herum. „Keine Kennzeichen", knurrte er, „und die Kufen sind auch schon ganz heruntergefahren. Das wird teuer."

Santa Claus sah ihn verzweifelt an. „Aber … aber ich muss weiter!"

„Und was ist in dem Sack?" Der Beamte betrachtete ihn misstrauisch. „Diebesgut?"

„Nein! Die Geschenke für die Kinder!"

Ein weiterer Beamter brachte einen Atemalkoholtester, in den Santa hineinblasen musste. Dann machten die Polizisten ein Drogenscreening und einer der Polizisten sah in den Sack. „Woher haben sie die Päckchen?"

„Vom Nordpol", schnaufte Santa, „dort wohne ich."

„Also ein Ausländer? Und kein EU-Bürger?" Der Polizist kniff die Augen zu Schlitzen, „Darf ich einmal ihr Visa sehen?"

„Ein … ein Visa? Junger Mann! Ich bin der Weihnachtsmann!"

„Und ich bin Kojak", knurrte der Beamte. „Ich glaube, sie kommen einmal mit auf die Wache!"

„Aber ... aber meine Geschenke!", jammerte Santa. „Ich muss doch die Geschenke verteilen! Heute ist doch Weihnachten!"

„Und sie sind der Weihnachtsmann?"

„Genau!"

„Beweisen sie es!"

Santa ging zu seinem Schlitten und öffnete den Sack, angelte ein Geschenk heraus und gab es dem Polizisten. „Bitte sehr! Für sie!"

Der Beamte schlitzte abermals. „Ein Bestechungsversuch?" Seine Hand ging zu den Handschellen. „Das kann teuer werden, mein Herr!"

„Nein, Herr Wachtmeister!", rief Santa. „Ich bin der Weihnachtsmann! Und ich muss Geschenke verteilen!"

„Müssen?" Die Augenbrauen des Beamten fuhren in die Höhe. „So, so. Eine Zwangsstörung?"

Langsam war der Weihnachtsmann es leid. „Hören sie", schnaufte er, „wenn ich nicht bald losfahre, komme ich zu spät! Ich muss noch in dutzende Kamine steigen!"

„In Kamine steigen?" Der Polizist legte die Hand auf die Waffe und rief kommandierend: „Treten sie zwei Schritte zurück und legen sie die Hände an den Schlitten. Ich verhafte sie wegen des Tatverdachtes des versuchten Einbruches!"

Santa schüttelte den Kopf. „Aber dann fällt Weihnachten aus!"

„Ich wiederhole!", brüllte der Beamte. „Legen sie die Hände auf den Schlitten!"

Der Weihnachtsmann seufzte vernehmlich. „Aber ich muss doch ..." Weiter kam er nicht, da ihm der andere Beamte Pfefferspray in die Augen sprühte. Santa riss die Hände hoch und wischte sich stöhnend über die brennenden Augen.

Die Polizisten rangen ihn nieder und legten ihm Handschellen an. Dann brachten sie ihn in den Streifenwagen. Santa tobte und zeterte, doch die Beamten kannten keine Gnade. Als sie ihn auf das Revier brachten, verlasen sie ihm die Anzeige: Fahren ohne Fahrerlaubnis, illegaler Aufenthalt in Deutschland, versuchter Diebstahl, Beamtenbestechung.

Im Verhör wurde er nach seinem Namen gefragt.

„Santa Claus", antwortete er mürrisch.

„Beweisen sie es."

Santa dachte kurz nach, dann machte er: „Ho-ho-ho!" Erwartungsfroh sah er den Beamten an.

Der erwiderte seinen Blick unbeeindruckt. „Haben sie irgendwelche Papiere dabei, Herr Claus?"

Santa schüttelte den Kopf.

„Da sie Ausländer sind", erklärte der Polizist, „werden wir sie in Abschiebehaft nehmen."

Hinter der Einwegspiegelscheibe des Verhörraumes saß jemand, der Santa Claus denunziert hatte. Es war ein alter Bekannter des Weihnachtsmannes. Ein Polizist sah den kleinen Kerl ernst an. „Zufrieden?"

Der Osterhase nickte. „Ja! Lief doch alles gut."

Der Beamte fragte: „Können sie mir nur einmal erklären, warum sie ihn angeschissen haben?"

Der Osterhase verzog sauer das Gesicht. „Sagen wir es so: Mir gefällt keine Konkurrenz!"

XXVIII.

Dagmar Weck

K i m a

Conrad öffnet das Türchen mit der Zahl 22 an seinem Adventskalender und verzehrt das dahinter liegende Schokoladensternchen.

Höchste Zeit ist es, Herrn Kistenmacher zu treffen.

Conrads Telefon läutet, er schaut auf das Display, sein Sohn ist es.

Conrad nimmt den Anruf nicht entgegen, begibt sich gemächlich zu seinem Wohnzimmerfenster und schaut hinaus.

Achtmal hat sein Telefon geläutet.

„Hier ist der Roboter von Conrad Walddorf", der Anrufbeantworter ist angesprungen, „im Augenblick bin ich telefonisch nicht zu erreichen, ich rufe später bei Ihnen zurück."

„Hier ist Lloyd, hallo Papa, wo bist du denn? Wir haben eine Überraschung für dich, Betty hat sich wieder viel Mühe gegeben mit deinem Weihnachtsgeschenk, ich hole."

Conrad schaltet seinen Roboter aus. Drei Jahre hat er seinem Sohn zugehört, exakt an diesem Datum.

Gerade hat der Conradvater Lloyd den Dialog verweigert, geschehen ist das Unerhörte.

Eine Spur führt zu einem Geheimnis von Herrn Kistenmacher.

Auch Conrad hat eine dunkle Seite, sie beginnt am Heiligen Abend.

Seinen Mantel zieht er an, geht mit seinem Einkaufstrolley ins Treppenhaus zum Aufzug.

„Herr Walddorf, kaufen Sie für Ihre Familie ein?" Die neben ihm wohnende Nachbarin steht plötzlich da.

Herr Walddorf errötet leicht: „Frau Beissinger, ja, sicher."

„Eine gute Zeit bei Ihrem Sohn wünsche ich Ihnen, mein Mann und ich, wir sind wieder allein an den Festtagen, ich gehe gleich auch einkaufen, wir sehen uns noch."

Conrad betritt den Aufzug, einen elegant aussehenden Pensionär zeigt der Spiegel dort.

Nach einem kurzen Fußweg erreicht Conrad Walddorf das Geschäft von Herrn Kistenmacher.

„ K I M A" steht über dem Eingang des Ladens.

„Herr Walddorf, willkommen," der Ladeninhaber begrüßt seinen treuen Kunden und fasst ihn um die Schulter, „haben Sie schon alles gepackt für Ihre Reise nach Frankfurt?"

„Nein, lieber Herr Kistenmacher." Gregor zieht seine Mütze tiefer in sein Gesicht.

„Kommen Sie doch auf einen Kaffee in mein Büro, einen Stollen hab ich auch grad angeschnitten."

„Ja, gern, einkaufen kann ich später."

„Wie geht es Ihrer Familie?" Der Geschäftsmann wagt die Frage und beobachtet seinen Gast „Bitte nehmen Sie Platz."

„Sie sehen mich so intensiv an, sitzt meine Mütze schief?"

„Nee, lieber Herr Walddorf, wir kennen uns jetzt lange, nicht wahr?"

„Sehr lange."

Einen bunten Teller hat der Gastgeber auf den Bürotisch gestellt.

Der Herr des „*KIMA*" schenkt Kaffee ein und legt ein Stück Stollen auf den Teller seines Gastes.

„Zu meiner Familie fahre ich nicht," Conrad sieht zur Tür des Büros, dann zum Schaufenster an der Eingangstür des Geschäftes, „seit drei Jahren war ich an den Festtagen nicht bei Lloyd und Betty und nicht bei meinen zwei Enkelkindern."

„Ich weiß!" Gregor holt eine Flasche Champagner aus dem Kühlschrank, öffnet sie und schenkt ein.

„Woher können Sie das wissen, danke, Ihr Champagner schmeckt hervorragend."

„Den bekommen nur liebe Gäste." Gregor zeigt sich zufrieden, rasch schenkt er wieder nach.

„Herr Conrad, ich habe Sie gesehen, wie Sie vor meinem Schaufenster gestanden haben spät nachts, wie Sie in meinen Laden geschaut haben, ich habe mich hinter einem Regal versteckt, Sie konnten mich nicht sehen."

„Hier in diesem Raum hab ich einen Lichtschein gesehen, Herr Gregor, an allen drei Feiertagen, da dachte ich, Sie verbringen hier das Fest, und außerdem waren Sie vorher so traurig."

Gregor nickt.

„Die drei Tage habe ich in meinem Wohnzimmer zugebracht," Conrad hat sein Glas geleert, „hinter einem quer zur Wand stehenden Bücherregal, nur eine kleine Leselampe hab ich eingeschaltet und die dicken Vorhänge zugezogen. Niemand durfte mich bemerken, ich habe mich geschämt." Gregor holt eine zweite Flasche Champagner.

„Spät in der Nacht bin ich nach draußen gegangen, Angst hatte ich, jemand könnte mich erkennen, Gregor."

„Warum hat Ihr Sohn Sie denn nicht abgeholt?"

„Jedes mal hat er am Heiligen Abend angerufen und gesagt, er müsse die Eltern von Betty aus München holen, sie hätten sich plötzlich angemeldet bei ihnen, da könne er nicht zu mir kommen. Lloyd wollte, dass ich ihn nach den Feiertagen besuche, vom Essen werde noch genug übrig bleiben. Er wolle wieder anrufen, hat er aber nicht."

„Lieber Gregor, darf ich Ihnen das Du anbieten, ich bin der Ältere von uns beiden?"

„Gern, lieber Conrad, auch ich habe mich vor meinen Nachbarn geschämt, die kaufen ja auch bei mir ein. Meine wenigen Freunde haben selbst eine Familie, denen habe ich gesagt, ich besuche Verwandte, ich hatte Angst, sie denken, sie müssten mich einladen."

„Gregor, ich möchte Dich einladen, übermorgen zu mir zum Essen zu kommen, sagen wir um 18.00 Uhr?"

„Sehr gern, Conrad, ich bin gerührt."

Sie umarmen sich. Conrad kauft ein, sein Einkaufswagen füllt sich reichlich.

Er geht noch bei seinem Schneider vorbei, eine Krawatte aus petrolfarbener Seide hat er sich von ihm anfertigen lassen.

Seine tief gefrorene Gans muss er rechtzeitig auftauen, so kann er sie Gregor servieren, selbstverständlich mit edlen Weinsorten.

Er schließt seine Wohnungstür auf, sein Anrufbeantworter zeigt einen weiteren Anruf an, Conrad hört ihn ab: „Hier ist dein Sohn noch mal, wo bist du denn, du lässt mich hier warten, wir freuen uns auf dich, deine Überraschung packt Betty gerade ein, binde deine rote Krawatte um, wenn ich dich hole."

Conrad packt die eingekauften Sachen weg.

Eine Sache erledigt er noch.

„Hallo, Lloyd, hier spricht dein Vater, nein, sag jetzt nichts mehr, dein Weihnachtsgeschenk will ich nicht mehr, die Überraschung, den Füller, den Betty und du mir jedes Jahr zu Weihnachten schenken mit meinem eingravierten Namen, mit dem kannst Du deine Lügen aufschreiben." Conrad lacht böse und legt den Hörer auf.

Eine Tüte mit Süßigkeiten und einer Weihnachtskarte mit guten Wünschen stellt er den netten Beissingers am Morgen des Heiligen Abend vor ihre Wohnungstür.

Am Nachmittag zieht Duft von einer gegrillten Gans aus Conrads Wohnung auf den Flur, am frühen Abend kommt Gregor. Conrad trägt seinen neuen Binder.

marthe. countdown

In frühem, Geborgenheit bietendem Dunkel dieses Adventabends schließt Phil die Tür seines Hauses auf, zwei leuchtende Nikolausgesichter, gefangen in einer übergroßen Plastikkugel, lächeln ihm im Flur des Hauses zu.

„Du kommst spät, Phil, wieder einmal", ruft Marthe aus dem Wohnzimmer zwei Nuancen zu laut. „Wir müssen mit den Vorbereitungen für Heiligabend fertig werden, es wird höchste Zeit.

„Bis dahin haben wir noch zwei Wochen Zeit, meine Gute." Phil berührt die mageren Ärmchen von schneeweißen Kunsttannenbäumchen, die hinter einander auf dem Fußboden stehen und ihm auf dem Weg zu Marthe Geleit geben. Armselig täuschen die Bäumchen Schnee vor, den sie niemals spüren werden.

„Stell bitte das Rentier auf die Terrasse, Schatz." Marthes Stimmlage erwärmt das Wohnzimmer nicht, in das Phil eintritt.

„Lass mich erst mal was essen." Phil küsst Marthe, doch auch der Kuss kann keine Herzenswärme in dieses Haus hineintragen.

„Dein Essen musst du in der Mikrowelle wieder warm machen." Marthe hängt noch eine sehr große goldene Christbaumkugel an die grüne Kunststofftanne im Wohnzimmer. „Die letzte Kugel befestige ich, ist unsere Tanne nicht wunderschön?"

„Sie ist überladen, du hast sie so zugehängt, dass die einzelnen Kugeln ihren Glanz nicht mehr zur Wirkung bringen können. Marthe, heute hatte ich ziemlichen Stress in der Kanzlei! Einen komplizierten Fall habe ich angenommen, es geht um Unterschlagung, der junge Klient, der sich mir anvertraut hat, wird immer wieder rückfällig."

„Lass deine Sorgen bitte draußen, mein Schatz, wir werden ein besonders festliches Weihnachten haben, das Fest der Liebe, Phil."

Phil setzt die Mikrowelle in Betrieb, Marthe ist ihm in die Küche gefolgt. „Das Menu für den Heiligen Abend habe ich entworfen, in diesem Jahr wird es sehr edel, so etwas hast du noch nicht gegessen, sieben Gänge plane ich, dazu gibt es sieben verschiedene Weine, sieben, mein Phillip."

Phil schweigt.

„Ich lade Jackie und Leroy ein, sie sind unsere engsten Freunde und sollen teilhaben an unserer Liebe, sie sollen sich bei uns sicher fühlen, Phil."

Tief, sehr tief unter diesen beinahe geschrienen Worten von Marthe hört Phil eine ihm fremde Marthe. Zu Weihnachten kommen auch Fremde ins Haus, die klopfen an und bitten um eine Herberge, das macht sie froh.

Marthe küsst Phil, der ihren Kuss nicht mehr erfühlt.

„Die goldenen Kugeln an unserer Tanne im Wohnzimmer habe ich neu gekauft, sie sind unzerbrechlich, an unserem Heiligabend kann nichts passieren, von neuen Tellern werden wir auch essen, Teller mit goldroten Engelchen habe ich gekauft.

„Jackie und Leroy kommen auch in diesem Jahr nicht zu uns, Marthe." Phil isst seinen heißen Lachs, der ihm schmeckt, „Der Lachs ist gut!"

Marthe schaut ihn froh an. „Unser siebengängiges Menu wird Stunden dauern, mein Lieber, wir machen es uns gemütlich, da bin ich sicher."

„Nach den Weihnachtstagen zerbrechen viele Beziehungen, Marthe." Sie sieht an Phil vorbei.

„Dort sind sie, die Engelteller." Sie zeigt auf ein Paket mit mindestens zwölf Tellern.

„Wir sind am 24. Dezember allein." In Phil brodelt es und es breitet sich der Zorn der Vorweihnachtszeit in ihm aus.

„Nein", diesmal nicht, Leroy und Jackie haben zugesagt, sie kommen, Phil, sieh doch die Wirklichkeit."

„Wo ist sie, unsere Wahrheit, Marthe?"

„Wir werden ein harmonisches Fest haben, wir haben doch so viel erreicht, Liebster, wir haben Sicherheit, wir gehören zusammen!"

„Marthe, was ist geschehen?"

Marthe verlässt die Küche und Phil, der allein zurückbleibt.

Er hört nach einer Weile ein schleifendes Geräusch auf der Terrasse, dem er sich nähert.

Marthe zieht ein eisblau erleuchtetes beinahe frauengroßes Rentier, an dem ein dunkelrot erstrahlender gewaltig großer Schlitten hängt, auf die Terrasse.

„Was soll das?" Phil zeigt auf die kleinen Rentiere, die bereits in ihrem goldenen Licht auf der Terrasse ihren festen Platz eingenommen haben.

Marthe antwortet nicht.

„Ich gehe mal zum Kiosk, bin gleich wieder da." Phil lässt Marthe allein, einen Abschiedskuss gibt es nicht.

Marthe hört die Haustür zufallen und hält sich an ihrem heißgeliebten Riesen Rentier fest.

Sie sieht Phil die wenigen Schritte über die Straße bis zum Kiosk gehen. Genau davor bleibt er stehen, ein Wagen hält, in den Phil einsteigt.

Er muss sicher noch Weihnachtsgeschenke abholen", spricht Marthe in die späte, mit strahlenden Sternen geschmückte Stunde hinein und schaut das Auto an.

Am Steuer des Wagens sitzt ein Mann, der aussieht wie Leroy. Ihn hat Marthe seit Monaten nicht gesehen, vom Reden ganz zu schweigen. Auch Jackie lässt nichts mehr von sich hören.

Marthe geht noch einmal die Planung ihres Menus durch. Exakt für vier Personen.

Spur im Schnee

Am Heiligen Abend klammere ich mich an meine Hoffnung, ein wenig von den Herzen der Menschen wieder zu finden, in deren Haus ich gelebt habe. Dort muss die Liebe einmal gewesen sein.

Meinen Wagen parke ich und habe Angst.

Mutter Violet öffnet die Haustür, ich trete ein.

„Hast du eine neue Jacke, Melina? Astrid ist noch nicht da, hoffentlich ist ihr nichts passiert, es schneit." Mutti dreht mir ihren Rücken zu und hilft mir, meine prall gefüllten Einkaufstaschen in die Küche zu tragen.

„Die Jacke ist nur ein Kaninchenfell, sie war schon heruntergesetzt im Preis, die habe ich mir zu Weihnachten geschenkt."

„Steht dir gut, Mel." Sie schaut mich verlegen an, Vater kommt hinzu, wir umarmen uns kurz, er prüft mit seinem Zeigefinger einige Stellen meiner Jacke. „Da gehen ja schon Nähte auf, die Jacke ist schlecht verarbeitet."

„Mein Budget hat nur für diese Jacke gereicht, ich verdiene noch nicht lange eigenes Geld."

„Du hast uns alles mitgebracht für das Fondue, du sorgst für uns." Er tätschelt meine Schulter. Mutti schneidet das Filet in mundgerechte Stücke. „Sieht gut aus, das Fleisch."

Vater hängt im Wohnzimmer große, dunkelrote Kugeln an den Weihnachtsbaum.

„Wärme strahlen die Kugeln aus, Papa." Vorsichtig berühre ich eine Kugel.

„Nicht, du machst sie noch kaputt, bring mal die Päckchen aus der Diele herein, Mel."

Sorgfältig in goldenes Weihnachtspapier gehüllte Geschenkpäckchen bringe ich herein und lege sie behutsam auf den Tisch neben dem Christbaum. Noch eine Demütigung möchte ich nicht erfahren.

„Wir wollten uns nichts schenken, Papa, Du musst für Astrid doch noch einige Darlehen abbezahlen", betroffen schaue ich ihn an und will doch nicht betroffen sein.

„Das sind doch nur ein paar Kleinigkeiten." Er zeigt auf den Gabentisch. „Astrids Geschäft läuft nicht, sie hat nur Unkosten."

Der Mann in meiner Nähe zupft die Namensschilder an den Päckchen zurecht und verlässt mich.

Charles Gounods „Ave Maria" lege ich auf, zünde einige Wachskerzen an und suche feierliche Gefühle in mir.

Schnee fällt auf eine Pelzjacke, draußen vor dem Wohnzimmerfenster bewegt sich diese echte Jacke aus einem einst lebendigen Fuchs. In diesem eleganten Kleidungsstück steckt eine Frau in exakt meinem Alter, mit hoch toupierter, fest gesprayter Frisur, ihr Gesicht hat sie überschminkt.

Astrid tritt auf. Mutter drückt sie fest an sich. „Da bist du ja, Assi, ich freue mich." Vater trägt ihr Gepäck herein.

„Tag, Mel, sieh mal," Astrid zeigt auf ihren Fuchs, „unsere Eltern waren mal wieder großzügig zu Weihnachten."

„Nein, nein, es ist ja kein Geschenk", verkündet der Hausherr, „wir schenken uns wirklich nichts, du solltest doch nichts verraten", flüstert er Assi ins Ohr. Ich stehe daneben. Er weiß, ich höre seine Täuschung und unterbreche dieses Spiel nicht.

„Ihr seid so lieb zu mir." Astrids Stimme lässt keinen sanften Ton zu. Die drei Personen in meiner Nähe begeben sich zum Essen, ihnen folge ich.

„Du hast aber einen teuren Sekt mitgebracht." Mutter schaut mich an.

„Du kannst ihn dir ja leisten." Astrid trinkt hastig, ich trinke reichlich.

„Da wir so gemütlich zusammen sitzen, wollen wir mit dir etwas besprechen, Mel",

Der Hausherr sticht sein Fonduegäbelchen ins Fleisch. „Wirklich nett, dass Du gekommen bist! Wir müssen Astrid eine Existenz aufbauen, ihr Geschäft wirft noch nichts ab, sie braucht wieder Geld. Die Miete für ihren Laden und ihre Wohnung kann sie noch nicht selbst bezahlen, nimmst du ein Darlehen auf bei Deiner Bank? Du kannst es ihr zu Weihnachten schenken?"

„Astrid ist verzweifelt." Mutti nickt.

Astrid isst und trinkt.

„Du machst das schon." Vater formt ein zynisches Lächeln mit den Lippen, darin liegt seine Begabung.

„Nein", meine Familie nimmt mein Flüstern wahr.

Die Wahrheit sollen sie mir erzählen, seit Jahren reden sie daran vorbei. Aber ich weiß sie doch, Bruchstücke ihrer Kommunikation mit mir verraten mir, was hier geschieht.

Mein Tiramisu schmeckt ihnen. „Iss nicht so viel davon, du hast ein paar Kilos zu viel." Vater meint mich. Mutter und ich räumen das

Essen ab, dann gehen wir ins Wohnzimmer. „Nehmt Eure Geschenke bitte, ich habe lange gebraucht, um sie einzupacken."
Mutter stöhnt unter ihrer Verantwortung.

Die Familie greift ihre Gaben, ich begleite sie nicht.

Dieses Elternpaar zahlt für Astrid, es lebt Astrids Leben, zahlt für sie ihren Alltag, ihre Boutique, ihre Mietwohnung, sie kann ihre Boutique nicht führen. Ihr Leben zu planen und einen Brief zu schreiben, vermag sie nicht ohne fremde Hilfe. Eine überschätzte Frau sitzt hier, die einen aufgezwungenen Schein wahrt, damit ihre Eltern sich nicht ihrer schämen müssen.

Astrid packt eine Handtasche aus dunkelrotem Lackleder aus, die Tasche würde auch mir gefallen.

„Du leihst doch Geld bei deiner Bank. Mel, sag etwas, dieser bunte Teller ist für dich." Mutter stellt mir den voll beladenen Pappteller auf meinen Schoß.

„Morgen früh fahre ich wieder nach Bochum, ich treffe mich mit einigen Freunden." Dies ist meine Bilanz in dieser Sache.

Geborgen wollte ich mich einmal fühlen an diesem Ort, und wäre es nur für eine Stunde gewesen.

Verletzlich ist meine Sehnsucht.

Am ersten Weihnachtstag lasse ich den Abdruck meiner Schuhe im Schnee zurück. Drei Personen werden diese Spur nicht als meine erkennen. Zu meinem Wagen gehe ich alleine, Astrid ist meine Zwillingsschwester.